AF285398

Hermann Schulte-Vennbur

Ein Weg nach Rom

Auf der Via Francigena durch Italien
wandern

Impressum

Copyright 2021 Hermann Schulte-
Vennbur
Herstellung und Verlag
BoD Books on Demand, Norderstedt
ISBN 9783754333648

*Bibliografische Information der
Deutschen Nationalbibliothek: Die
Deutsche Nationalbibliothek
verzeichnet diese Publikation in der
Deutschen Nationalbibliografie;
detaillierte bibliografische Daten
sind im Internet über dnb.dnb.de
abrufbar.*

Für Bettina
1955 - 2021

Inhalt

... und plötzlich weißt Du: es ist Zeit etwas Neues zu beginnen und dem Zauber des Anfangs zu vertrauen.

Meister Eckehart

Aufbruch

Gegen 4 Uhr nachmittags steige ich aus dem Bus, der mich von Martigny nach Bourg-Saint-Pierre gebracht hat. Der Bus fährt weiter nach Italien, bis nach Aosta, aber nicht über die Passstraße, sondern durch den Tunnel. Der Fahrer bietet mir an, vor dem Tunnel

außerplanmäßig zu halten, so dass ich über den Pass laufen könne. Ich bedanke mich für das freundliche Angebot, aber es ist Zeit, Auto, Bahn und Bus hinter mir zu lassen und die ersten Schritte auf dem Weg nach Rom zu tun – Zeit für den Aufbruch.

Bourg-Saint-Pierre, das Dorf des Heiligen Petrus, ist ein guter Ausgangsort für die Fußreise zum Petersdom. Der Weg zum Hospiz auf dem Großen Sankt Bernhard ist mit Wegweisern geradezu gepflastert. Neben anderen Fernwanderwegen ist auch die Via Francigena ausgezeichnet und ein kleines gelbes Pilgermännchen begrüßt mich, leicht nach vorn geneigt, mit Reisesack und Pilgerstab ausgerüstet. Es wird mich die nächsten 900 km bis nach Rom begleiten und seine Gestalt wird sich dabei verändern, abhängig von den für die Kennzeichnung der Via Verantwortlichen in der betreffenden Region. Der Pilger ist mein Wegweiser und ich werde mich fragen: bin ich noch auf dem richtigen Weg, wenn ich es eine Zeitlang nicht sehe?

So wie mich die Frage begleiten wird: „Ist der Weg, den ich gehe, meiner, ist dies der Weg, den ich gehen will– oder habe ich meinen Weg verloren?" Bereits auf meiner ersten Etappe gibt mir der Weg die Gelegenheit, diese Frage zu stellen...

Der Aufstieg auf dem mit Felsbrocken gesäumten Weg ist nicht schwer und er ist gut gekennzeichnet. Mit einer fatalen Ausnahme: der bequeme Schotterweg oberhalb des Stausees biegt an dessen Ende ohne Hinweis in ein Tal ein, das parallel zum Tal des Großen St.Bernhard verläuft. Lediglich ein Trampelpfad mit dem knappen Hinweis „Fußweg" führt über einige hundert Meter hin zum richtigen Aufstieg. Ich übersehe diesen Hinweis, steige in das Seitental und verliere kostbare Zeit. In der Rückschau wundere ich mich, wie lange ich gezögert habe, mir dieses Abirren vom richtigen Weg einzugestehen. Dabei hätte mir klar sein müssen: das richtige Tal konnte nur dasjenige sein, durch das sich die Passstraße zum Hospiz hoch schlängelte – und die Straße war nicht zu sehen.

Die Passhöhe ist wolkenverhangen, ein leichter Nieselregen setzt ein und da ich wegen der langen Anfahrt erst am Nachmittag losgelaufen bin und mich zudem noch verirrt habe, wird es dämmerig. Im Dunkeln würde ich den Weg nicht finden, aber nach einem kleinen Moment der Panik ist die Lösung klar: ich brauche nur vom Fußweg auf die

Passstraße zu wechseln und kann das Ziel nicht verfehlen. Autoverkehr gibt es in der Dämmerung kaum noch.

Die letzten zwei Kilometer lege ich in Dunkelheit und Nebel zurück. Ich bin ungefährdet, aber ich habe eine Ahnung, wie sich ein nach dem Hospiz suchender Wanderer in früheren Zeiten gefühlt haben könnte. Ich bin erleichtert, glücklich, als die Lichter des Hospizes allmählich durch den Nebel aufscheinen und Wärme und Geborgenheit signalisieren.

Es ist spät, aber ich werde in der großen Gaststube mit ihren schweren Holztischen und der niedrigen Gewölbedecke einfach und gut bewirtet. Gegen den ersten Durst hilft der Tee aus großen metallenen Kannen, und zu Brot und Käse gibt es später auch noch einen offenen Rotwein. Eine Gruppe von Franzosen fragt nach meinem woher und wohin. Ich nenne mein Ziel Rom und ernte Achtungsbezeugungen, die mir unverdient vorkommen. Ich bin gerade erst aufgebrochen und ob ich das Ziel erreiche ist letztlich offen. Die holzgetäfelten Schlafsäle im Stammhaus des Hospizes sind für Fußwanderer und Pilger reserviert. Den Schlafsaal mit seinen 50 Betten habe ich für mich allein. Belegt ist das Hospiz eher im Winter.

Der Große St. Bernhard ist einer der ältesten Alpenübergänge. Julius Cäsar nutzte ihn, damals war es nur ein Saumpfad, für seine Operationen in den gallischen Kriegen. Napoleon überquerte ihn im Jahr 1800 mit 46.000 Soldaten. Die Rechnung für die Verpflegung dieses Heeres ist, so eine Informationstafel, nur zum Teil beglichen worden – immerhin zum Teil, wenn man es mit den Bräuchen des 20. Jahrhunderts vergleicht.

Schenkungen und Erträge aus den eigenen Ländereien ermöglichten dem Augustinerorden, dem Träger des Hospizes, die Reisenden zu versorgen. Aufgenommen wurden alle Reisenden, so dass Schmuggler und Zöllner möglicherweise unter der gleichen Gewölbedecke ihre Mahlzeiten zu sich nahmen. Die Passstraße wurde 1905 fertig gestellt. Trotz der vielen neuen Besucher blieb die Versorgung bis 1940 kostenlos.

Am nächsten Morgen besuche ich eine Andacht in der Krypta des Hospizes. Das Gewölbe wurde im 13. Jahrhundert errichtet, und ist heute schlicht weiß verputzt. Modern ist auch die Bronze-Figur eines Pilgers, dessen elegant und leichtfüßig vorwärtsstrebender Schritt zu sagen scheint: folgt mir nach, es wird sich lohnen. Dieser Pilger geht mir in den folgenden Wochen nicht aus dem Sinn. Für ihn scheint es keine Fragen zu geben – er bricht auf, lässt sein Gewohnheitsleben hinter sich und tritt mit Schwung in etwas Neues ein.

Beim Frühstück – dicke Brotscheiben, große Marmeladengläser und Kaffee- und Milchkannen – sitzt neben mir die erste Mitpilgerin. Sie will sofort nach dem Frühstück aufbrechen: Ho voglia di camminare, ich habe

Lust zu laufen, sagt sie. Meine Lust ist an diesem Morgen noch sehr gedämpft, Nebel streichen um das Hospiz, die Sicht ist null und die Temperatur beträgt an diesem Sommermorgen gerade mal 5 Grad.

I.   Das Aostatal

Vom Gr. St. Bernhard über Etroubles nach Aosta

Der italienische Teil der Via Francigena beginnt hier, in der kühlen klaren Luft des Passes in einer Höhe von zweieinhalbtausend Metern. Mein Blick geht zurück auf die beiden Häuser des Hospizes, die in der Morgensonne wuchtig rechts und links der Passstraße stehen. 900 Kilometer bis nach Rom: der Nebel hat sich gelichtet, die Morgenluft beflügelt und bis zum Apennin geht es von nun an bergab.

Der Weg führt steil hinunter durch ein Geröllfeld. Ein italienisches Paar kommt mir entgegen und fragt, wie lange man wohl bis zum Hospiz noch zu gehen hätte. Wir kommen ins Gespräch und sind schnell auch bei familiären und privaten Themen. Ich wundere mich, dass mich das nicht stört. Aber in italienischer Sprache sind diese Themen irgendwie leichter und selbstverständlicher. Mag sein, dass dies generell auf fremde Sprachen zutrifft. Was man in ihnen ausdrückt, gehört nicht in gleichem Maß zu einem wie die Worte der eigenen Sprache, deren Gebrauch immer auch von der persönlichen Geschichte geprägt ist.

Die beiden weisen noch hin auf das im nächsten Ort, in Saint-Rhemy-en-Bosses, am Abend stattfindende Fest des Jambon de Bosses. Dieser Rohschinken reift mindestens ein Jahr in der trockenen kühlen Höhenluft, gewürzt mit Wacholder, Thymian und diversen Bergkräutern. Für mich ist dieser Hinweis die erste kulinarische Versuchung auf italienischem Boden, aber ich werde am späten Vormittag bereits dort sein, viel zu früh, um die erste Etappe zu beenden. Ich bin nicht als Tourist unterwegs auf diesem uralten Weg. Beschrieben wurde die Via Francigena bereits im Jahr 990 n.Chr. von Sigerich, Bischof von Canterbury. Er war kein Pilger, sondern gewissermaßen in kirchlichen Angelegenheiten unterwegs. In Canterbury war er zum Bischof gewählt worden und musste sich das Zeichen der Bischofswürde, das Pallium, persönlich beim Papst abholen. Den Rückweg hat Sigerich dann in seinem Itinerar beschrieben. Dies Itinerar ist eine schmucklose Aufzählung der 79 Wegstationen von Rom bis Canterbury, kein Reisebericht. Tausend Jahre danach ist dies der gleiche Weg, der vor mir liegt, der Weg, den so viele gegangen sind und gehen werden. Wer sich auf ihn einlässt, wird geführt, aber auch gefordert.

Nach den ersten Kilometern des steilen Abstieges geht der alpine Kletterpfad in einen Schotterweg über. Vor Saint-Rhemy ist er nur noch leicht abschüssig, lupiniengesäumt und wird von einem Gebirgsbach begleitet.

Nach dem Abstieg vom Gr. St. Bernhard ist Saint-Rhemy das erste Dorf im Aosta-Tal. Die weißgestrichenen Fensterfaschen einiger Bruchsteinhäuser setzen einen Kontrapunkt zu den eher düster wirkenden Fassaden und lassen die Häuser bereits ein wenig südländisch wirken. Am Ende der schmalen Dorfstraße liegt ein Restaurant und, obwohl noch nicht richtig hungrig, kehre ich ein. In den italienischen Gasthäusern, in einfachen Trattorien und Osterien, habe ich mich seit den Studientagen in Bologna angenehm fremd und gleichzeitig wohltuend zu Hause gefühlt, eine Empfindung, der ich gerne nachspüre.

Über einer verschlossenen Tür des Speisesaales der Trattoria ist „Sala Marroniers" eingraviert. Im Mittelalter besaßen die Einwohner das exklusive Recht, Reisende über den Pass zu geleiten. Die Führer und zugleich Träger wurden Marroniers genannt. Ab 1627 brauchten die Einwohner von Saint-Rhemy keinen Militärdienst zu leisten. Sie wurden die „Schneesoldaten", waren paramilitärisch organisiert mit dem Bürgermeister als Kommandeur und sorgten in dieser Formation für die Rettung von Verunglückten und die Bergung von Erfrorenen. Erst der Personalbedarf des 1. Weltkrieges beendete 1915 dieses Privileg.

Beim Verlassen des Restaurants fällt mir vorne im Barbereich eine junge Frau mit blonden Zöpfen auf, eine Frisur, wie sie meine Schwester in den 60er Jahren getragen hat. Ich streife noch etwas durch Saint- Rhemy, fotografiere und mache mich dann auf den Weg. Vor mir geht die junge Frau, an den

Zöpfen zu erkennen und bindet sich dann an einer Bank die Schuhe neu. Sie strahlt mich freundlich an, als ich auf sie zu komme. I am Marta, stellt sie sich vor. Sie kommt aus Lettland, arbeitet in Südfrankreich und ist für eine Woche mit Zelt und Schlafsack unterwegs.

Sie hätte seit einer Woche kaum mit jemandem gesprochen und ist froh, sagt sie, nun wieder kommunizieren zu können. Ich zucke ein wenig zurück und tadele mich zugleich für meine gewohnheitsmäßig skeptische Reaktion auf diesen Wunsch der jungen Frau. Ich laufe gern allein oder mit jemandem, den ich sehr gut kenne und rede wenig. Im Fall von Marta ist das aber kein Problem: sie redet gern und ich eben wenig. Ich erzähle nicht viel und frage stattdessen, beruflich bin ich das ohnehin gewohnt, und freue mich nach wenigen Minuten, Marta getroffen zu haben. Meine deformation professionelle trifft auf ihre formation femminile: Kommunikation ist für sie ein selbstverständlicher Wert, und meine innere Reserve schmilzt unter ihrem sympathischen Geplauder dahin.

Ich genieße die Wandergemeinschaft, über Generation und Geschlecht hinweg, und das

umstandslose Vertrauen, dass Marta in meine
Begleitung setzt. Von mir geht keine Gefahr
aus, wir

sind auf dem gleichen Weg, und ich tauge
sogar zur Gefahren-Abwehr: in einem Dorf hat
sich ein Hund unter ein Auto verkrochen und
bellt uns mit blutunterlaufenen Augen an. Das
Tier macht einen gefährlichen und irgendwie
unberechenbaren Eindruck, ein Besitzer ist
nirgends zu sehen. Wir müssen daran vorbei
und Marta hat Angst. Ich auch, ich halte
meinen Wanderstock mit der eisernen Spitze
in Richtung des Tieres und wir passieren
schnell – die Prinzessin ist gerettet! Und ich
kann mich als Held fühlen…
Marta erzählt, dass sie als Kind an einem
gefährlichen Hundebiss fast gestorben wäre.

Der Weg nach Etroubles führt auf schmalen Graspfaden und etwas breiteren Wirtschaftswegen einige hundert Meter oberhalb des Talgrundes entlang. Der Verkehr ist hörbar, aber das dumpfe Rauschen klingt wie aus einer anderen Welt. Es stört die Ruhe hier oben nicht. Immer wieder öffnen sich Ausblicke auf die das Tal begrenzenden Bergmassive. Beeindruckend ist der Blick zurück nach Westen auf nahezu senkrecht aufragende Felswände, die das Tal abriegeln.

In Etroubles ruhen wir uns in einer Bar aus. Hinter einer breiten hölzernen Theke empfängt uns eine ältere Dame. Marta spricht Französisch mit ihr, damit kann man sich im Aostatal besser verständigen als mit Italienisch. Den Zucker zum Cafe gibt es in einer Mühle – die Barista erklärt uns, sie wolle nicht immer halbe Tütchen wegwerfen.

Wir setzen uns auf die Veranda und genießen den Blick auf den kleinen zentralen Platz des Dorfes. Bei dem vom italienischen Ministerium für Tourismus veranstalteten Wettbewerb „I Gioelli d' Italia" wurde das Dorf als eines von 21 in Italien ausgezeichnet. Ein Grund dafür mag die Einladung des Ortes an Künstler gewesen sein, Plätze und Fassaden zu gestalten: unser Blick fällt auf Holz-

Skulpturen und auf Hausfassaden, die mit Fresken und Bildern dekoriert sind. Meinen Geschmack treffen diese Holzfiguren nicht, ich hätte eher Punkte abgezogen.

Marta erzählt von ihren Lebensplänen und schwankt dabei zwischen zeitlich und inhaltlich sehr unterschiedlichen Ideen - ihr Horizont ist offen, sicher ist nur, dass sie im Herbst für einige Zeit nach Neuseeland reisen will und das auch sehr umsichtig vorbereitet hat. Zwischendurch telefoniert sie kurz mit ihrer besorgten Mutter in Lettland. Marta beruhigt sie: ihre Tochter sei nach der Wanderung durch die Schweiz nun wieder „in der EU". Irgendwie scheint das von Lettland aus gesehen eine Art Sicherheitsversprechen zu sein.

Wir müssen uns verabschieden, da Marta noch einen Fernbus in Aosta bekommen will und bis dorthin nimmt sie den lokalen Bus. It is time for a hug, meint sie und nimmt mich zum

Abschied in den Arm. Ich laufe allein weiter und gestehe mir ein, dass ich mich ein wenig einsam fühle. In Gignod frage ich das erste mal nach einem Nachtquartier. Es ist bereits sieben Uhr und bis nach Aosta rechne ich mit weiteren zwei Stunden Wegs. Aber die Pfarrei ist geschlossen und ein Albergo gibt es nicht. Auf Forst- und Wirtschaftswegen geht es, bei einsetzendem Nieselregen, weiter nach Aosta.

Ich bin jedenfalls auf dem richtigen Weg: eine kunstvoll geschichtete Steinpyramide erhöhe ich vorsichtig um ein weiteres Steinchen, befürchtend, die Wegmarkierung könne sonst zusammenbrechen. Eine warme und gute Empfindung - ich bin nicht der erste, nicht der letzte und nicht der einzige, der diesen Weg geht. Ich bewege mich in einem sinnvollen größeren Zusammenhang, auf einem alten Weg, der mich führt.
Ich reihe mich ein in den Strom derer, die hier seit Jahrhunderten unterwegs sind, jeder mit seiner Last und seiner Hoffnung. Ich will einer von denen sein, die viele Wochen hindurch auf ihr Ziel zugehen, auf dem Weg leben, sich in mittäglicher Hitze quälen und in abendlicher Kühle ausruhen. Ich möchte die Verbundenheit mit denen spüren, die diesen

Weg vor mir gewählt haben: mit tausenderlei Motiven und einem Ziel - Rom.

Ich komme spät in Aosta an, verlaufe mich in einem Villenviertel am Stadtrand und frage schließlich in einem Hotel nach der Adresse meiner Pilgerunterkunft. Die Versuchung, einfach hier abzusteigen und dem stärker gewordenen Regen zu entgehen, ist da. Aber es kommt mir vor wie eine Niederlage – so bequem und anonym wie gewöhnlich zu übernachten. Ich wandere im Halbdunkeln den regenglänzenden Corso Saint Martin de Corleans hinauf bis zu der in meinem Verzeichnis angegebenen Pfarrei, die Betten für Pilger bereithält. Der Corso ist ausgestorben und ich mache mir klar, dass um diese Zeit wohl auch die Unterkunft längst geschlossen ist.

So ist es. Aber der moderne Betonkirchenbau neben der Pfarrei hat ein weit über die Eingangstür gezogenes Dach, darunter ist es trocken. Ich entrolle meine Matratze, eine leichte Gymnastikmatte, und schlafe nach vollbrachten 33 Kilometern „unter dem Dach der Kirche" auf dem Steinboden gar nicht schlecht. Die Lektion ist allerdings für den Rest der Pilgerschaft klar: ich sollte bis spätestens sechs Uhr, besser eher, in meinem Quartier sein und entsprechend planen. Und wenn ich nicht planen, sondern laufen will? Dann habe ich jedenfalls keinen Grund, mit meinem Nachtlager zu hadern.

Am nächsten Morgen gehe ich den Corso, der mich von der Generalrichtung Süd-Ost weggeführt hatte, zurück in die Altstadt. Der Blick in den Stadtplan zeigt die schachbrettartige Anlage der Stadt. Kaiser Augustus hat Aosta nach dem Sieg über den Stamm der keltischen Salasser (25v.C.) als Augusta Praetoria gegründet. Die Stadt wurde quadratisch angelegt, aufgeteilt in 64 Insulae (Stadtteile), das erleichtert mir die Orientierung. In Aosta wurden Veteranen der Prätorianergarde angesiedelt, die den Handelsverkehr über die verschiedenen Alpenpässe sichern sollten.
Die römische Stadtmauer behielt ihre Wehrfunktion bis ins Mittelalter. Große Teile sind erhalten, wenn auch vielfach für Hauswände oder für die mittelalterlichen Wohntürme genutzt. Dieses Aufbauen von Zeiten und Epochen aufeinander wirkt auf mich irgendwie stimmig: Altes verschwindet einfach, sondern wird von den Nachfahren genutzt und bleibt in deren Leben aufgehoben.

In der Kathedrale, nahe den Resten des römischen Forums, lassen sich im Geflecht von Gotik, Renaissance und Klassizismus auch noch Spuren der mittelalterlichen Romanik finden. Der Freskenzyklus aus dieser Zeit am oberen Teil der Seitenwände wurde 1986 freigelegt – eine Sensation, gefunden unter späterem Verputz und frisch restauriert.

Einige hundert Meter weiter führt eine Treppe hinunter in den Criptoportico Forense, ein in dieser Form einzigartiges römisches Monument. Der doppelte tief liegende Säulengang umschloss von drei Seiten den sakralen Teil des Forums. Man vermutet, dass der Criptoportico eine Art Verbindung und Zwischenbereich zu dem profanen Teil des Forums darstellte und für Gespräche und zur Anbahnung von Geschäften diente. Tatsächlich sollen im Mittelalter die Gewölbe als Ladengeschäfte genutzt worden sein. Mir erscheint es so, als ließe sich in diesen Profanbauten dem Leben vergangener Zeiten und Generationen besser nachspüren als in den großen Sakralbauten. Ich stelle mir vor, wie in diesen Gewölben Pilger einst sich versorgt und um den Preis gefeilscht haben.

Von Aosta nach Rovarey, einem Dorf
in der Gemeinde Nus

Aus Aosta hinaus führt die Via Sant' Anselmo, vorbei am Augustusbogen und der Ponte di Pietra, der römischen Steinbrücke, die heute über ein ausgetrocknetes Flussbett führt. Der Gebirgsbach Buthier hatte im Mittelalter nach einer Flut sein Bett geändert und die Brücke führte nur noch über einen trockenen Graben. In den folgenden Jahrhunderten wurde das Flussbett nach und nach verfüllt, die Brücke wurde zur Straße, war als Brücke wohl gar nicht mehr erkennbar und wurde erst vor einigen Jahrzehnten wieder freigelegt. Abt Albert aus dem Franziskanerkloster von Stade hat im Jahr 1236 eine Romreise unternommen und schlägt in dem berühmten Itinerar, in dem er seinen Weg beschreibt, eine geeignete Reisezeit vor: „Gegen Mitte August, weil dann die Luft warm ist, die Wege sind trocken, und die Flüsse sind seicht. Die Tage sind mehr als ausreichend..."

Ich habe die Empfehlung des Abtes befolgt, bin im August unterwegs, und es nieselt ohne Unterbrechung, der Nieselregen wechselt gelegentlich mit kräftigen Regengüssen ab und als ob dies nicht ausreicht, sind auf vielen Wiesen noch Wassersprenger am Werk. Die Berge sind mit Regenwolken verhangen. Ich habe das Gefühl, noch nie eine Landschaft mit so viel Wasser gesehen zu haben. Gelegentlich kommt kurz die Sonne durch, dann sieht man durch den Schleier der Wasserspeier Regenbögen.

Die Wege werden vielfach gesäumt von kleinen Bewässerungs-Kanälen, heute meist

mit Beton ausgegossen, einige wenige noch aus ausgehöhlten Baumstämmen gefertigt. Sie werden Rus genannt, von Ruscello (Bach), und sind überwiegend im 13. bis 16. Jahrhundert angelegt worden, um das von Gletschern und Gebirgsbächen ins Tal und in den Fluss Dora Baltea strömende Wasser für die Landwirtschaft nutzbar zu machen. Diese intensive Bewässerung machte es möglich, mehrmals im Jahr zu ernten und so ausreichende Vorräte für die langen Berg-Winter anzulegen.

Bau wie Pflege der Rus waren nur möglich durch intensive Zusammenarbeit der Talbewohner. Die genaue Planung und Vermessung, der Erwerb von Wasserrechten, die Anlage der künstlichen Bäche und die einvernehmliche Aufteilung des Wassers wurde von den „Bürgermeistern der Rus", wie sie genannt wurden, organisiert und bestimmt.

Das Aostatal war bereits für die Römer als Verbindungsweg nach Gallien von strategischer Bedeutung. Dass sich an dieser Bedeutung auch im Mittelalter nichts geändert hat, zeigen die zahlreichen Kastelle, Burgen und Wehrtürme. Vom Taleingang bei Pont-Saint-Martin bis zum Pass sollen es über hundert sein. Aostaner Familien hatten im frühen Mittelalter mit der landwirtschaftlichen Nutzung des Tales und seiner Seitentäler begonnen. Territorium und Ernten mussten geschützt werden. Der Landadel etablierte sich nach und nach und die Wehrtürme wurden zu Burgen und Kastellen erweitert. Die Familie Challant baute im 14. und 15. Jahrhundert ihre Wehranlagen – Fenis, Issogne, Verres, Ussel - zu prachtvollen spätmittelalterlichen Residenzen aus. Säle, Loggien und Innenhöfe wurden mit höfisch-gotischer Malerei dekoriert – ein elegantes Bildprogramm aus höfischer Selbstdarstellung und ritterlicher Moral, aus religiösen Motiven und Darstellungen des Alltagslebens.

Zwischen Aosta und Chatillon ist die Wegführung der Via Francigena offensichtlich von den Touristik-Verantwortlichen der anliegenden Gemeinden festgelegt worden (was auch für andere Etappen gilt). Der Weg läuft auf der engeren Talseite links der Dora Baltea entlang und lässt kein Kirchlein, kein Denkmal, keinen Wehrturm etc. aus. Im Auf und Ab der Taleinschnitte sind die knapp 30 km zwischen Aosta und Chatillon für mich nicht zu schaffen, da ich Aosta erst um die Mittagszeit verlassen habe.

Vor Chatillon finde ich in meinem Verzeichnis der Unterkünfte das B&B Lo Talapan in der Ortschaft Rovarey. Am Telefon meldet sich niemand, aber ich habe jetzt gegen Abend keine Wahl mehr. Das B&B ist in dem Dörfchen leicht zu finden, ich folge dem Hinweis und klingele an der blau gestrichenen Holztür des alten Bruchsteinhauses. Ein Hund rennt an das Gartengitter und bellt, aber es klingt nicht abwehrend, eher einladend. Niemand öffnet. Für heute ist es meine letzte Chance, ein Nachtlager zu finden und ich gehe zum Nachbarhaus, um zu hören, ob und wann der Gastgeber wieder im Haus sein könnte. Die Tür des Hauses steht zwar halboffen, aber weder die Klingel noch mein Hallo bewirken etwas. Zurück beim B&B gehe ich nun durch eine unverschlossene Gartentür um das Haus herum. Mir kommt ein schlaksig-großer, tiefbraun gebrannter Mann entgegen, und drückt mir mit einem herzlichen Hallo die

Hand. Er habe weit hinten im Garten Gemüse gepflanzt und leider die Klingel nicht gehört.

Ich bin erleichtert, ich hatte ja auf diese Karte gesetzt und hätte ansonsten wohl im Freien übernachten müssen. Ich bewundere Lucianos weitläufigen Garten mit den Apfel- und Birnbäumen. Das B&B ist ungewöhnlich geschmackvoll eingerichtet, die Zimmer großzügig geschnitten und ich würde gern die Frau des Hauses sehen, welche vermutlich diese Einrichtung gestaltet hat.
Für den Abend lädt mich Luciano zum Essen ein. Warum alles kaufen, meint er, wenn man viel Platz zum selber ziehen von

Gemüse und Obst hat. Entsprechend köstlich schmeckt sein Salat, frisch gepflückt...

Bei einsetzender Dämmerung und bei einer Flasche seines nicht ettikettierten regionalen Rotweins kommen wir in ein persönliches und offenes Gespräch. Seine Frau lebt nicht mit ihm im Haus und ich frage nach den Gründen der Trennung. Banalita, sagt er, was meiner Erfahrung aus Gesprächen mit Paaren in der Krise entspricht. Oft sind es Banalitäten, an denen ein gutes Zusammenleben scheitert – oft Empfindlichkeiten aus einer Vergangenheit, die nicht vergangen ist. Was bedeutet der Name seines Hauses, frage ich noch: Lo Talapan sind im französisch-provenzalischen Dialekt der Region die Gestelle, die den Weinreben Halt und Stütze geben...

Luciano muss am nächsten morgen früh um sechs Uhr aus dem Haus; er ist nur ein halbes Jahr jünger als ich, arbeitet aber immer noch körperlich hart im Forst. Ich darf ein Photo von ihm machen und sehe einen melancholischen, aber im Grunde zufriedenen Menschen.

Von Rovarey an Saint Vincent vorbei
nach Verres

Morgens um sechs Uhr aufzustehen und in der Morgendämmerung loszulaufen, ist mittlerweile mein normaler Tagesrhythmus. Ich liebe diese kühlen Morgenstunden, in denen der Tag offen ist und ich ihm entgegen gehe. Und zudem ist es das beste Licht, um zu fotografieren, Landschaften wirken plastischer und strahlen irgendwie von innen. Bereits am frühen Morgen sind die Bewässerungsanlagen in Betrieb und in deren Sprühnebeln bildet die Morgensonne Regenbögen.

Der Weg führt an einem alten Bahnhofsgebäude vorbei, dessen klassisch-ausgewogene Fassade mir gefällt. Ich gehe um den Bahnhof herum und studiere den Fahrplan. Weil mein Zeitbudget begrenzt ist, lege ich gelegentlich kurze Strecken mit öffentlichen Verkehrsmitteln ein, vorwiegend in der Nachmittagshitze. Der Fahrplan gibt einen etwa stündlichen Zug Takt an. Ich lese das Kleingedruckte und stelle fest, dass der Plan vier Jahre alt und der Bahnhof stillgelegt ist. Das Gebäude wird jetzt von der Kommune für Büros genutzt.

Hier öffnet sich das Tal und es läuft sich eine Weile angenehmer und zügiger. Die

Nebenstraße, auf der hier die Via Francigena verläuft, ist wenig befahren und ich genieße den Blick auf Dörfer – Fagnan, Fenis, Miseregne- mit den Häusern aus Bruchstein und den steinschindelgrauen Dächern, oft überragt von einem Festungsturm oder Kastell.

Es gibt nicht nur lebendige Dörfer, auch tote. Ein kleiner Abstecher führt zu einem verlassenen Dorf. Eines der grauen Bruchsteinhäuser ist noch nahezu intakt, Fenster und Türen müssten eingesetzt werden, dann wäre es schon fast wieder bewohnbar. Von den übrigen stehen noch halb eingefallene Seitenwände, im inneren liegen Trümmer und wächst Gebüsch – ein Denkmal für Zeiten, die härter waren als unsere.

Der Weg führt in großem Bogen um Chatillon herum und öffnet herrliche Ausblicke auf das im Süden sich erhebende 3000er Massiv des Mont Avic. Die Via Francigena nutzt bis zur nächsten Ortschaft Saint Vincent den örtlichen Panoramaweg auf der linken Seite der von zahlreichen Gebirgsbächen gespeisten Dora Baltea.

Der Thermalkurort Saint-Vincent hat sich im 19. Jahrhundert zur mondänen Ville d´ Eau des wohlhabenden Turiner Bürgertums entwickelt. Unterhalb des Panoramaweges thront über dem Ort, vom Weg aus gut zu sehen, ein um die vorige Jahrhundertwende erbautes Luxushotel. Eine schnelle Recherche mit dem Smartphone kann ich mir nicht versagen: zwei Übernachtungen dort würden so viel kosten wie alle meine Übernachtungen auf meinem Pilger-Weg nach Rom. Die Bewertungen des Hotels sind eher lau, der Luxus scheint nicht zu halten, was er verspricht. Im Grunde schade, wenn Reichtum keinen Spaß mehr macht...

Ich habe – nicht nur finanzielle- Freude mit meiner Entscheidung für die „ospitalita povera", für die sogenannte „einfache / arme Gastfreundschaft". Sehr einfach mitunter, was die Ausstattung von Zimmern oder Schlafsälen anbelangt, aber oft reich an Herzlichkeit, mit der ich aufgenommen werde.

Auch für diese Etappe gilt, dass das Auf und Ab der Via Francigena durch Seitentäler sehr mühsam werden kann und viel Zeit in Anspruch nimmt. Ich weiche deswegen streckenweise auf die SS 26 (Strada Statale 26) aus. Der Seitenstreifen ist breit und den Verkehr kann ich für einige Kilometer aushalten; als Entschädigung komme ich zügig voran. Zudem kann man annehmen, dass die Talstraße der alte Pilgerweg ist. Ohne besondere Gründe - wie etwa Überschwemmungen- wird sich kein Pilger diesen anstrengenden Weg oberhalb des Talgrundes zugemutet haben. Die jetzige Führung des Weges – die natürlich den Verkehr meiden soll - dürfte in einigen Abschnitten etwa doppelt so lang sein wie die SS 26 im Tal.

Und Vorsicht! Wer sich auf einer belebten Straße zu seinem Mitwanderer umdreht, sollte den Rucksack immer auf die dem Verkehr abgewandte Seite drehen. Es gibt in Ortschaften mitunter nicht zu umgehende Engstellen, die bei einer falschen Bewegung zu lebensgefährlichen Kollisionen führen können.

Um die Mittagszeit melde ich mich telefonisch im Konvent des Hl. Aegidius in Verres an. Anmeldungen werden auf der ganzen Via Francigena in der Regel erwartet und empfehlen sich, wenn man sicher sein möchte, dass in den oft recht kleinen Pilgerunterkünften ein Platz frei ist. Leider führt dieses Verfahren, anders als auf dem Jakobsweg, zu der manchmal unglücklichen Situation, dass später kommende Pilger quasi den früheren bei der Belegung vorgezogen werden, weil sie eben „reserviert" haben. Aber diesmal bekam ich die telefonische Auskunft, die mir am liebsten ist: Du bist willkommen, aber wir reservieren nicht!

Die Via Francigena führt hier durch eine Kette mittelalterlicher Dörfer, die alle in etwa gleicher Höhe einige hundert Meter oberhalb des Talgrundes an den Hang gebaut sind. Es geht an den ersten Weinbergen vorbei, unterhalb hochgemauerter Terrassen und durch kleine Laubwälder, und ich habe immer wieder Ausblicke auf Burgen und Wehrtürme.

Wer das Val d' Aosta bisher nur von der raschen Durchfahrt auf dem Weg in den Süden oder zurück nach Deutschland kennt, sieht wenig von der Schönheit dieses Tales. Das gilt letztlich für den ganzen Weg, zumindest viele seiner Abschnitte: auch darum gehe ich zu Fuß.

Ich bleibe vor einer Kapelle stehen. Die zur Straße gewandte Seite trägt eine französische Inschrift. Während ich versuche, die Zeilen zu verstehen, kommt eine Frau aus dem Nachbarhaus und fragt, ob sie mir die Kapelle zeigen soll. Sie möchte dies wohl gerne, wie ihr freundlich drängender Ton nahelegt. Sie ist die Tochter des Stifters und Erbauers der Kirche. Die Kapelle ist ein geweihtes Haus und all den ungelebten Leben derjenigen gewidmet, die ihres im Krieg vor der Zeit lassen mussten. Im inneren ist das Gotteshaus mit Steinen aus der Dora Baltea ausgekleidet, das sei in der Gegend üblich – auf mich wirkt es sehr verspielt.

Christina ist die einzige Tochter ihres Vaters und hütet sein Erbe. Der Vater war im Krieg Bürgermeister des Ortes und hat versucht, dessen Bewohner so unbeschadet wie möglich durch die Kriegs- und Besatzungsjahre zu bringen. Er hat eine Fülle von Aufzeichnungen und Dokumenten hinterlassen und Christina erzählt, dass man sie dränge, dies Material dem Ortsarchiv zu übergeben. Sie weigert sich: das Material würde selektiv publiziert und mithin missbraucht. Ihr Vater habe eine Veröffentlichung nicht gewollt, solange noch Zeugen und Akteure dieser Zeit lebten. Ich frage nach dem Verhalten der deutschen Soldaten und bekomme zur Antwort: Schlechtes ist von allen Seiten getan worden. Der Wunsch ihres Vaters war: Die Schuld der Väter soll nicht über die Söhne kommen. Und das Archiv bleibt geschlossen, bis die Vergangenheit Geschichte geworden ist.

All dies erfahre ich nicht während der Führung, sondern später als Beifahrer. Ich vergesse meinen Wanderstock in der Kirche und muss nach einigen 100 Metern wieder umkehren. Christina öffnet noch einmal, sieht mich erschöpft und verschwitzt und fragt, ob sie mich nach Verres mitnehmen soll. Es ist bereits Nachmittag, drückend heiß und der Weg noch weit. Quasi per Anhalter zu pilgern entspricht zwar nicht ganz der Idee einer Pilgerschaft, aber auch die katholische Kirche verlangt für den Ablass nur die letzten 100 Kilometer vor Rom als Fußgang.

So bin ich relativ früh in Verres und ich frage mich in der spätnachmittäglichen Hitze zum Konvent durch, den ich auf meiner Karte nicht finden kann. In Deutschland erkundige ich mich nur ungern nach dem Weg, aber hier nutze ich die Chance, mein Italienisch zu trainieren und ein wenig ins Gespräch zu kommen.

Ich umrunde das auf einem kleinen Hügel über Verres liegende kirchlich-klösterliche Anwesen, schaue in die Kirche und klingele dann an einer Pforte, die ich für den Eingang des Pfarrhauses halte. Es öffnet niemand und ein Recht darauf habe ich auch nicht. Ich stehe nicht vor einem Hotel. Nach einem Rundgang durch Verrres probiere ich es ein zweites mal und werde vom Pfarrer, übrigens in ziviler Kleidung, freundlich empfangen. Er weist mich in die Gemeinschaftsunterkunft ein und meint, es hätte sich gestern noch jemand angemeldet, aber er hätte nichts mehr gehört. Ich belege ein Bett und dusche sofort, solange ich die Unterkunft und das Bad für mich habe. Im Gegensatz zur Erwartung des Pfarrers füllt sich der Schlafsaal nach und nach und am Abend sind fast alle Betten belegt.

Wenn ich in einem Konvent übernachte, besuche ich, wenn es irgendwie passt, den Abendgottesdienst meiner Gastgeber, auf den sie mitunter aufmerksam machen. Gefragt nach meinen Motiven für die Pilgerreise werde ich nie. Die kirchlichen Gastgeber sind diskret und tolerieren sicherlich auch Motive, die nicht in ihrem Sinn gläubig-religiös sind. Jeder Pilger wird gut aufgenommen und jeder kann sich wohltuend angenommen fühlen. Selbst das Credenziale ist oft nicht verpflichtend.

Am Abend haben wir Pilger Glück: Verres feiert das Fest seines Schutzpatrons Saint-Gilles, des Hl Aegidius, übrigens auch der Schutzpatron meiner damaligen Heimatpfarrei in Deutschland. Die Hauptgasse des alten Ortskernes ist voller Bänke und Tische, die mit einem kräftig- roten Papier gedeckt sind und gegen ein kleines Entgelt kann man sich von der Kirche bis zum Markt hindurch futtern. Familien und die anliegenden Geschäfte bieten ihre selbst zubereiteten Spezialitäten an, den Wein dazu gibt es umsonst. Der Weg ist entsprechend der Reihenfolge der Gänge bei einem italienischen Menü aufgebaut: er beginnt mit den Antipasti und führt einen durch primi und secondi piatti hin zu den dolci. Dabei macht der optische Genuss der ausgestellten Speisen fast ebenso viel Freude wie das Probieren.

Das Treiben ist quirlig und geräuschvoll, in kleinen Gruppen wird geredet und gegessen; auf dem Markt brennt ein offenes Feuer, dessen Glut zum Grillen genutzt wird. Eine

Spezialität, die auffällt, weil sie geschmacklich völlig aus dem gewohnten Rahmen fällt, ist die Reistorte alla Valdostana: ein pikanter Kuchen mit Rinderzunge und geschmolzenem Fontina, der berühmten Käsespezialität des Aostatales.

Im vollen Schlafsaal des dem Schutzpatron geweihten Konvents wird dann gegen Mitternacht, also zu einer unpilgerlichen Zeit, über eine so bedeutende Frage diskutiert, wieso man auf einer wochenlangen Wanderung nicht abnimmt. Einer erzählt, er hätte auf dem Jakobsweg drei Kilo zugenommen und seine Frau hätte misstrauisch gefragt, was er denn tatsächlich so getrieben und wieso er auf einer wochenlangen Fernwanderung nicht abgenommen habe, wie es doch wohl zu erwarten sei.

Von Verres über Bard nach Pont Saint Martin

Am nächsten Morgen ist noch Zeit für eine Besichtigung des Kastells. Es erhebt sich als monumentaler quadratischer Kubus über der Altstadt. In der heutigen Form erbaut zu

Beginn des 16. Jahrhunderts, wechselte es mehrfach den Besitzer, wurde 1894 vom italienischen Staat gekauft und nach und nach restauriert. Der wuchtige Eindruck von außen setzt sich im Inneren fort. Die Säle sind nicht möbliert, so dass die Harmonie der Formen und Materialien sich pur genießen lässt. Die riesigen Kamine haben mich staunen lassen. Heute dient das Kastell als Festsaal und Kulisse für den traditionellen Kostümkarneval in Verres.

Die Via Francigena führt weiter durch kleine Bergdörfer, deren Ortskerne wirken, als ob sie sich bis auf Verkehrszeichen und Briefkästen seit Jahrhunderten nicht verändert hätten. Auf den engen Dorfplätzen stehen steinerne Viehtränken, in die aus gusseisernen Speiern das Bergwasser sprudelt. In der Hitze gibt es nichts Köstlicheres als dieses kühle Wasser, ich schlürfe es in großen Zügen und tauche dabei meine Arme in das Becken. Da einige dieser Wasserstellen mit einer Warnung „Nicht trinkbar" versehen sind, unterstelle ich, dass das Wasser der übrigen mit meiner Darmflora verträglich ist. Leider stellt sich dies in einem Fall als nicht zutreffend heraus, so dass ich einen Gesundungstag einlegen muss.

Der Weg unterquert die Schnellstraße und vor mir in der Unterführung breitet sich ein graubrauner Matsch aus, dessen Tiefe nicht abzuschätzen ist. Irgendwie bin ich auf den markierten Weg fixiert und es dauert eine Weile, bis ich mich entschließe, umzukehren und nach einer Alternative zu suchen. Die gibt es dann auch, wie immer, und in diesem Fall erweist sie sich auch noch als denkbar einfach. Ich frage mich verblüfft, ob mein Denken unbeweglich geworden ist? Und ich stelle mir die Aufgabe, in Zukunft auch bei diesen kleinen Entscheidungen Alternativen zügig durchzuspielen und mich nicht auf einen Weg festzulegen, wörtlich und im übertragenen Sinne...

Hier im Tal kann man sich nicht verlaufen, auch wenn man den markierten Weg für eine Weile verlässt. Und auch für weitere Etappen gilt: wenn man mal vom Weg abkommt und das gelbe Pilgermännchen oder eine andere örtliche Wegmarkierung verloren hat, dann genügt es, die Generalrichtung Südost einzuhalten und sich, notfalls auf Landstraßen, zum nächsten Ort und zur Kirche durchzuschlagen. In der Regel wird man dann wieder auf die Wegmarkierung stoßen. Und für die Frage nach der Via Francigena und das Verstehen der Antwort braucht man auch keine fließenden italienischen Sprachkenntnisse. Ein Verirren ist, nutzt man die App etwa von Sloways, ohnehin kaum möglich.

Auf halber Strecke nach Pont St. Martin liegt die Festung Bard. Hier ist die engste Stelle des Aostatales, wie geschaffen um den Zugang zu verteidigen bzw. den Handelsverkehr mit Zöllen zu belegen. Eine kleine nahezu verkehrsfreie Nebenstrasse führt direkt auf die Festung zu, deren drei vorgelagerte Befestigungswerke sich übereinander türmen und den Zugang zur Hauptfestung blockieren können. Die jetzige Form erhielt die Festung von 1830 bis 1838, nachdem Napoleon sie 1800 bis auf die Grundmauern geschleift hatte. Die Verteidigung gegen das napoleonische 40 000 Mann Heer war allerdings auch der letzte militärische Einsatz der Anlage. Die aus Furcht vor erneuten Einfällen der Franzosen wieder aufgebaute Festung kam nie zu militärischen Ehren, sondern wurde als Gefängnis und Munitionslager genutzt und dient heute als regionales Kulturzentrum.

Ich durchquere die engen Gassen und Torbögen der Ortschaft Bard. Einige hundert Meter hinter dem Ortsausgang ist die Straße gesperrt und ein Schild warnt vor Steinschlag. Ich erinnere mich, bei einer Wanderung vor acht Jahren bin ich auf die gleiche Sperre gestoßen. Es hat sich also hinsichtlich Sicherungsmaßnahmen nichts getan. Dafür gibt es jetzt aber einen Trampelpfad um die Sperre herum und mit vorsichtigen Blicken nach oben nehme ich den gesperrten Weg, der deutlich kürzer und bequemer ist als die angebotene Umleitung.

Der Weg führt über einen erhaltenen Teil römischen Straße; etwa 200 m lang ist die aus dem Fels gehauene Strecke. Ehrfurchtsvoll gehe ich über die zwei Jahrtausende alten Platten mit ihren Karrenspuren und blicke

durch den berühmten römischen Bogen auf
die Kirche von Donnas. Übrigens
Karrenspuren: Die These, dass diese Rillen
nicht nur Spuren, sondern gezielt in den Stein
gehauene Führungen sind, halte ich für
plausibel. Die Rillen sind präzise aus den
großen Pflastersteinen herausgearbeitet und
nicht breit ausgefahren.

Oberhalb von Donnas führt die Via Francigena durch die Weinterrassen, die sich im Süden des Ortes steil hochziehen. In einer Bar lasse ich mir zu einem Panino den örtlichen Wein empfehlen, ein weicher Nebbiolo-Rotwein mit einem leichten Mandelaroma.

Donnas geht in den Ortsteil Pont Saint Martin über. Hier mündet der Gebirgsbach Lys in die Dora Baltea. Das Bachbett ist schmal und tief; seit dem Jahr 25 v.Chr. wird es von einer römischen Brücke überspannt, die bis ins 19.Jahrhundert die einzige Möglichkeit war, die Lys zu überqueren. Die Brücke ist zu Beginn des vorigen Jahrhunderts renoviert worden und überstand danach die Bombardements der Alliierten im August 1944. Wie bei etlichen Bauwerken aus römischer Zeit, vor allem Brücken, war die Kenntnis der Konstruktion im Mittelalter verloren gegangen. So konnte es sich bei diesen unerklärlichen freien Bögen eigentlich nur um ein Werk des Teufels handeln. In diesem Fall wird dem heiligen Sankt Martin zugeschrieben, den Satan überlistet zu haben. Der habe sich für den Bau der Brücke die erste Seele ausbedungen, die sie überquerte. Der Heilige ließ einen Hund voran laufen…

Der Überlieferung nach soll damit der Vertrag
dem Wortlaut nach erfüllt gewesen sein, was
auch immer eine arme Hundeseele in der
Hölle zu suchen hat.

Vor einem Nachmittagsgewitter flüchte ich in
das kleine Museum unterhalb der Brücke. Es
ist einen Besuch wert, nicht nur weil ich
trocken geblieben bin: Bilder und Dokumente
illustrieren Konstruktion und Geschichte des
Bauwerkes und ich staune wieder einmal über
die genialen Bautechniker des Imperium
Romanum.

Im Unterkunftsverzeichnis von Pont-Saint-
Martin wird eine kommunale „Foresteria", ein

Gästehaus, mit 50 Plätzen aufgeführt. Ich rufe in der Kommune an und eine leicht unsichere Frauenstimme erklärt, die Plätze seien alle belegt – kaum zu glauben, ich habe bisher vielleicht ein Dutzend Mitpilger getroffen. Tatsächlich hatte die Kommune die Unterkunft vorübergehend geschlossen, vermutlich, weil sich kein ehrenamtlicher Verwalter gefunden hatte. Mittlerweile ist die Foresteria wieder geöffnet, geführt von einer freundlichen Signora, wie mir später ein Pilger erzählte. Mit derartigen auch kurzfristigen Entscheidungen und Überraschungen bei kirchlichen und bei kommunalen Unterkünften sollte man rechnen. Insofern empfiehlt sich ein rechtzeitiges Telefonat, möglichst am Vormittag, und eine alternative Idee, falls es mit der anvisierten Unterkunft nicht klappt. Ich übernachte in einer privaten Pension, die ich mit Hilfe der freundlichen Inhaberin eines Reisebüros gefunden habe.

In Pont-Saint-Martin sind am späten Nachmittag die Straßen und Bars belebt, die Atmosphäre ist südlich-lebhaft. Als ich am Abend aus der Pension ins Zentrum zurückkehre, ist alles ruhig. Zwei oder drei Trattorien haben geöffnet, ich begnüge mich mit einer Pizza in einem Schellimbiss und gehe zeitig schlafen. Das öffentliche Dorf- oder

Kleinstadtleben spielt sich am frühen Abend ab, zwischen 18 und 20 Uhr, danach kann es sehr ruhig werden.

II.   Canavese und Piemont

Von Saint Martin durch Montestrutto nach Ivrea

Ab Saint Martin prägen die Weinberge durchgehend das Bild der Landschaft. Das Tal weitet sich, die Hänge sind weniger steil und der Weg führt jetzt nahezu ohne Unterbrechung an Reben vorbei und oft unter ihnen hindurch. Die oberhalb der alten Dörfer liegenden halbkreisförmigen Terrassenhänge wirken wie große Freiluft-Theater des Rebenanbaus.

Zunächst sind die Weinberge noch terrassenförmig angelegt, aber nach und nach – mit den flacher werdenden Hängen – halten die Rebstöcke auch ohne diese aufwändige Unterstützung. Streckenweise ist der Weg angenehm verschattet durch die an Holzgerüsten sich meterlang rankenden Reben. In der schattenlosen Hitze der Poebene werde ich mich nach diesen Wegen zurücksehnen wie nach einem verlorenen Paradies.

Die Stützgerüste liegen auf ziegelgemauerten Säulen, ein griechisch antik wirkendes Bild. Am Wegrand stehen immer mal wieder kleine

offene Kapellen, im Italienischen „edicola"
genannt. Dies ist auch das Wort für die im
Grundaufbau ähnlichen Zeitungskioske, was
mich bei der Orientierung an der italienischen
Wegbeschreibung zunächst verwirrt. Später
frage ich meine deutsch-italienische
Wanderfreundin Bettina, die mich aufklärt,
und auch von sehr peinlichen
Übersetzungsfehlern berichtet.

In Montestrutto, auf dem halben Weg zu
meinem Tagesziel Ivrea, raste ich vor einer
Bar, rechts von mir – in Wanderrichtung –
rauscht ein Wasserfall von einer letzten
Berghöhe in die Dora Baltea, links liegt der
mittelalterliche Kern des Dorfes, neben mir
fließt ein mäßiger Verkehr auf der SS 26 und
vor mir steht ein Glas des Nebbiolo Rotweines
- Natur, Kultur und Moderne in einem
Rundblick und auch in einer gewissen
Harmonie. Obwohl schon etliche Kilometer
hinter mir liegen, fühle ich mich leicht und
unbeschwert. Ich erinnere mich an den
Bronzepilger in der Kapelle des Hospizes auf
der Passhöhe des Gr. St. Bernhard: sein Gang
war nicht mühevoll und beschwert, sondern
leicht und fließend, ein Mensch im Aufbruch.

Durch hohe Pappelreihen, Wiesen und
streckenweise sumpfiges Gelände geht es an

einzeln stehenden Gehöften vorbei weiter
nach Ivrea, dem Zentrum der historischen
Region Canavese. In dem dunstigen Wetter
verschwinden die Ausläufer der Alpen hinter
mir und ich erreiche die Ebene, die Ebene des
Po; der ist Fluss noch weit.

Im nächsten Ort bin ich überrascht, auf eine
Art Arbeitersiedlung zu stoßen: regelmäßig
rechteckig angelegte Straßenzüge, dreistöckig
hochgezogene schmale Häuser, gepflasterte
enge Straßen bei deren Anlage anscheinend
noch niemand an automobilen Verkehr
gedacht hat. Ich trete durch einen mit Ziegeln
gemauerten Rundbogen ein und fühle mich in
einer   anderen   Welt,   um   100   Jahre

zurückversetzt. Die Siedlung ist bewohnt, aber in der Hitze des frühen Nachmittags ist niemand auf der Straße.

Da ich mich der Olivetti-Stadt Ivrea nähere, bin ich vermutlich in einer der Siedlungen, die der sozial eingestellte Firmengründer Camillo Olivetti für seine Arbeiter in den 20er Jahren bauen ließ. Er baute Wohnungen für seine Belegschaft, ähnlich wie in Deutschland Krupp im Ruhrgebiet, und schuf eine Sozialversorgung.

Ivrea hängt voller Plakate, auf denen die Aufnahme des industrie-architektonischen Erbes der Stadt in die Liste der Unesco Weltkulturerbe-Stätten gefeiert wird. Ivrea ist „Industriestadt des 20.Jahrhunderts".
Zur Philosophie der Gestaltung seiner Büro- und Schreibmaschinen gehörte für Olivetti auch ein Design, das sowohl Nutzerfreundlichkeit wie ästhetische Aspekte umfasst: Schönheit wurde so zum Verkaufsargument auch für technische Gegenstände, die bis dahin eher nach Nützlichkeit bewertet und beworben wurden.

Ich übernachte im Canooa Club, eine Art Jugendherberge oberhalb der Stromschnellen der Dora Baltea, der den Kanuten auch als

Quartier dient. Die Stromschnellen haben in der Hitze einen wunderbaren Effekt: sie erzeugen eine Art Sprühnebel, der kühlt und die Temperatur um einige Grade senkt. Diese wohltuende Wirkung motiviert mich, den Gang durch die im August recht leere und stickige Stadt kurz zu halten und schnell zurück zu kommen. In dem kleinen Park oberhalb der Stromschnellen gibt es einen Imbiss, ein Salat genügt in der Wärme völlig. Ein Schild am Eingang des Parkes kennzeichnet ihn als Giardino della Giustizia della Pace e della Liberta,– also als einen Garten der Gerechtigkeit, des Friedens und der Freiheit, zudem gewidmet den Frauen der Resistenza. Na ja, ich kann mir den Gedanken nicht verkneifen, ob es für die paar Quadratmeter Rasen mit rostigen Spielgeräten nicht auch eine Nummer kleiner gegangen wäre.

Im Hostel schlafe ich tief und erholsam. Das gleichmäßige Rauschen der Stromschnellen stört nur in den ersten Minuten, danach wirkt es beruhigend und einschläfernd. Am nächsten Morgen sehe ich einen meiner Zimmergenossen im Foyer auf einem Sofa schlafen. Die Ospitaliera, die Verwalterin des Hostels, erklärt mir, es sei seltsam: die eine Hälfte der Gäste schliefe beim Rauschen der Dora Baltea wie ein Stein, die andere unruhig und manche würden in das ruhige dem Strom abgewandte Foyer flüchten. Sie schaut mich fragend an, aber ich habe auch keine Erklärung und freue mich, dass ich zur ersten Hälfte gehöre. Als nächstes Etappenziel empfiehlt sie mir die „Casa del Movimento lento" in Roppolo.

Einige Tage später treffe ich Letizia, eine asketische Marathonläuferin, deren Wandertempo ich nicht lange halten kann. Sie kommt aus Ivrea und schwärmt vom dortigen Karneval. Der Pilger wird kaum im Winter zur Karnevalszeit durch Ivrea kommen. Leider, denn der Karneval in Ivrea, so Letizia, sei eine Art kollektiver Orgie: es treten Mannschaften gegeneinander an und bewerfen sich mit Tonnen von Apfelsinen, auch Besucher nehmen teil und die Gassen im Zentrum versinken im Fruchtmatsch.

Von Ivrea am Lago di Viverone vorbei nach Roppolo

Auf einer kleinen und wenig befahrenen Provinzstraße geht es am nächsten Morgen hinaus aus Ivrea. In einer Metzgerei kurz vor dem Ortsausgang lasse ich mir ein Panino belegen und stehe Rede und Antwort, was Ziel und Ausgangspunkt und womöglich Sinn meiner Wanderung anbelangt. Der Metzger freut sich, dass ich auch die Schönheit Italiens als Grund für meine Wanderung nenne. Die Wegzehrung spendiert er mir.

Zurückschauend verschwinden die letzten Ausläufer der Alpen im Dunst und der Weg führt am Fuß eines langgezogenen Höhenrückens, geologisch eine Endmoräne, durch Wiesen und Pappelalleen. In ihrer regelmäßigen Aufreihung und den in der Höhe zusammengewachsenen Kronen erinnern sie an das Innere eines langgestreckten Kirchenschiffes. Die Landschaft ist sanft hügelig, regelmäßig durch Baumgruppen gegliedert; viele unbebaute Felder vermitteln den Eindruck von Großzügigkeit im Umgang mit der verfügbaren Agrarfläche. In den Hügeln stehen große Villen, gelegentlich auch massige Kloster- oder Kirchengebäude. Der Weg führt an einem See vorbei, umrahmt von verschwenderischem Ufer-Grün.

Eines der kleinen Dörfer hat eine originelle Einnahmequelle erfunden: statt eines Brunnens, aus dem jedermann frei Wasser schöpfen kann, gibt es einen Wasserautomaten, aus dem für einen allerdings sehr maßvollen Betrag der Pilger seine Vorräte an Trinkwasser ergänzen kann. Nach der ersten Belustigung finde ich den Service gar nicht schlecht, immerhin besser als kein Brunnen. In der Mittagspause kann ich das spendierte Panino auf der Terrasse einer Trattoria verzehren, die im August geschlossen ist, aber Tische und Stühle im Freien hat stehen lassen.

Die Via Francigena führt nördlich um den Lago di Viverone herum, und ich genieße den Blick auf den See und die umgebende Landschaft. Die Weinreben sind nicht mehr lang gewachsen und hochgebunden wie im Aostatal, sondern halten sich an metallenen Querstangen fest, die in verstellbare Träger eingelassen sind. Anscheinend sollen die

Gestelle mitwachsen können und die Reben hängen jetzt im August etwa brusthoch. Einzelne Villen inmitten der Weinberge geben der Landschaft in diesem spätnachmittäglichen Dunst ein aristokratisches Gepräge - insgesamt ein Bild und Eindruck von einer großen Harmonie. Die Welt erscheint einem in solchen Momenten als ein wunderbares und stimmiges Ganzes. Ich fühle mich gelöst und beschenkt – wobei das Ich weniger wichtig ist als dies Gefühl der Zugehörigkeit zu dieser berauschend schönen Kultur-Landschaft. Die eigene Person tritt zurück und geht, ohne sich zu verlieren, in diesem Anblick auf.

Die Via Francigena gehört mittlerweile zur Identität der Kommunen, durch die sie führt. In Viverone sehe ich die Ankündigung eines Vortragsabends zum Thema „...von Menschen und sakralen Gebäuden entlang der VF in Viverone". So gern ich den Vortrag hören würde, bleiben kann ich deswegen nicht.

In der Casa del Movimento lento in Roppolo komme ich am frühen Nachmittag an. Geführt wird das Haus von Susanna und Alberto, den Gründern der Bewegung movimento lento / slow move. Der Name ist inspiriert von der in Italien populären slow food Bewegung. Susanna öffnet und bittet um Entschuldigung für einige Unannehmlichkeiten: So sei ein Bad nicht benutzbar, sie warte seit Tagen auf Handwerker und sei ja schon froh, wenn überhaupt jemand käme, wenn auch mit Stunden Verspätung. So war das anscheinend nicht gemeint mit movimento lento...

Die Bewegung sei, so Alberto, entstanden aus
einer Wanderung von Mailand nach Rom im
Jahr 2008 und habe sich 2011 als Verein
gegründet. Das Haus bietet Seminare an für
alle, die sich auf den Weg machen wollen, sich
aber unsicher fühlen, ob sie die nötigen
Voraussetzungen hinsichtlich Fitness und
Ausrüstung mitbringen. Wer es nicht wagt,
unvorbereitet einfach los zu laufen, findet hier
die Chance zu trainieren und wird ermutigt:
Laufen sei eine „fatica bella", eine schöne
Anstrengung, meint Alberto. Und in der Tat,
wenn ich mal einen Mitpilger gefragt habe,
was ihn denn so zum Pilgern bewege, kam oft
die Antwort: ich laufe gern!

Auch andere Themen, wie Wandern und
Schreiben, hat die Casa del Movimento lento
im Programm. Alberto ist der technisch
Verantwortliche für die Wegekennzeichnung
der Via Francigena, und auch für die App, mit
deren Hilfe ich bisher den Weg sehr
zuverlässig gefunden habe. Diese Kultur der
langsamen Bewegung helfe, meint Alberto,
sich von seelischem Ballast zu befreien und zu
ursprünglichen und wahrhaftigen
Beziehungen zu seinen Mitmenschen zu
finden. Jahrhunderttausende ist der Mensch zu
Fuß gegangen, und dafür sei er geschaffen.

Es bleibt noch Zeit für ein Bad im See. Ich leihe mir ein Fahrrad, rolle die Hügel von Roppolo hinunter durch Wiesen und Weiden zum Lago di Viverone und freue mich auf ein erfrischendes Bad. An dem dicht genutzten Ufer muss ich zwischen Bootsanlegern, kleinen Yachthäfen und Privatstränden ein wenig suchen, bis ich eine freie Badestelle gefunden habe. Ich wate durch den flachen Uferstreifen ins Wasser und habe das Gefühl, in eine Badewanne zu steigen. Der See ist mitnichten erfrischend, sondern jetzt im Sommer lauwarm und voller Algen.

Am Abend esse ich mit vier meiner Mitpilger in der benachbarten Trattoria. Sie ist mit unserer Unterkunft „convenzionata", d.h. es gibt eine Vereinbarung über ein Pilgermenü: wir essen gut und preiswert, haben die Auswahl zwischen zwei Gerichten, darunter ein Schweinebraten, und trinken den lokalen Wein, nicht abgefüllt natürlich, sondern als offenen Hauswein. Diese Hausweine begleiten die lokalen Gerichte in der Regel am besten und sind unkompliziert und preiswert. Man kann in einfachen Trattorien den Liter schon für 5 oder 6 Euro bekommen.

Unser Gespräch dreht sich um die besonderen Charakteristika der Küchen all der italienischen Regionen, welche die Heimat meiner Mitpilger sind. Die regionalen Identitäten stützen sich auf diese heimatlichen Zubereitungen und Speisen: woher einer in Italien kommt, bestimmt viel stärker als in Deutschland, was er am liebsten auf dem Tisch hat. Und ich werde natürlich bestürmt mit der Frage, wie mir der Schweinebraten schmeckt, dieses urdeutsche Gericht! Er schmeckt tatsächlich wie in Bayern, was der Wirt als Kompliment nimmt. Ich hätte ihn mir zur Abwechslung etwas „italienischer" gewünscht, vor allem pikanter gewürzt und auf das mediterrane Gemüse abgestimmt.

Wir genießen den lauen Sommerabend und bleiben noch zusammen auf der Terrasse der Trattoria sitzen. Der Wirt spendiert zum Espresso noch einen hausgemachten Kräuterlikör. Wir sprechen über den weiteren Weg, der nächste Ort morgen ist Cavaglia. Der Name der Stadt, so unser Wirt, habe seinen Ursprung darin, dass dort in römischer Zeit eine Raststation gelegen sei, wo die Pferde gewechselt werden konnten. Wir kommen auch auf die unterschiedlichen Mentalitäten in den verschiedenen Provinzen Italiens zu sprechen. Das Urteil über die benachbarte

Lombardei ist anerkennend-zwiespältig: die Lombarden seien der industrielle Motor Italiens, die rennen wie die Chinesen... Den Piemontesern liegt das wohl weniger.

Neben mir sitzt Paride, der sich nach eigenem Eingeständnis, im Gegensatz zu seinem antiken Namensvetter Paris, von Frauen nach einer Trennung erst einmal fernhält. Er ist auf dem Weg in die Toskana, wo er an einem Seminar teilnehmen will, in dem die Kunst der Clownerie gelehrt und geübt wird. Ich erzähle von meinem Plan, über die Via Francigena zu schreiben, um sie in Deutschland bekannter zu machen. Am nächsten Morgen gehen wir gemeinsam nach Santhia. Er sieht mir beim Fotografieren zu und meint, ich würde meine Leser aber ganz schön hinters Licht führen: ich wähle natürlich Standort und Bildausschnitt aus, so sieht der Betrachter das, was ich ihn sehen lassen möchte. Paride hält das für Manipulation.

Ich rechtfertige mich: was ich fotografiere ist da, auch wenn es nicht alles ist. Mein Impuls ist nicht, etwas wegzulassen, etwa weil ich es hässlich finde. In dem Bild von Paride, wie er aus dem Wald in die offene Landschaft tritt, kommt ihm von weitem der Müllwagen entgegen – das stört mich nicht.

Ich möchte meine Wahrnehmung im Bild konzentrieren. Fotografieren kann eine Form der Meditation sein, die einen die Idee der Landschaft suchen und empfinden lässt.

III.   Die Poebene

Die „Pianura padana" war bei den Pilgern des Mittelalters gefürchtet. Sümpfe mussten umgangen werden, das Klima war feuchtheiß mit der Folge heftiger Gewitter, und die Landschaft bot wenig Abwechslung. Die Sümpfe sind heute trockengelegt, der Po ist eingedeicht, das Land ist dicht besiedelt und wird sowohl landwirtschaftlich wie industriell intensiv genutzt. Entsprechend drückend und verschmutzt kann die Luft sein. Wessen Zeitbudget begrenzt ist, dem sei empfohlen sich in Vercelli in den Zug zu setzen, bis nach Fidenza zu fahren und von dort den Apennin zu überqueren.

Wer allerdings Zeit hat, lernt eine einzigartige Landschaft kennen. Auf die Poebene muss man sich einlassen. Ich kannte diese Landschaft nur als rasch vorüberziehendes Panorama rechts und links der Autostrada. Wer wandert oder pilgert, kommuniziert hingegen mit Landschaften: Gebirge, Wälder, Ebenen, Seen lösen unterschiedliche Empfindungen aus. Die Monotonie   der   Poebene,   diese Gleichförmigkeit   von   Reisfeldern   und Gehöften versetzt den Wanderer in einen Zustand   seelischen   Gleichmuts.   Beim

Wandern wie im Leben lassen sich so auch anstrengende Passagen überstehen.

Von Ropollo durch die Lomellina nach San Germano Vercellese

Auf der Etappe von Ropollo über Santhia nach Vercelli sieht der Wanderer, sofern er sich umdreht, den südlichsten Kamm der Alpen. Ein Halt für die Blicke, den der Horizont der Ebene nicht bieten kann. Die Via Francigena führt überwiegend über Wirtschaftswege. In der Sonne glänzen die Wasser-Rechtecke der Reisfelder, eingefasst von flachen Erddämmen. Einige der Felder sind schon grün durchwirkt von den sprießenden jungen Reispflanzen und sehen aus wie riesige Billardtische, andere sind noch spiegelglatt. Das unterschiedliche Wachstum der Pflanzen wird mit den verschiedenen Reissorten zusammenhängen.

Die Flutung der Felder im Frühjahr hat zwei Gründe: zum einen braucht der Reis zum Wachsen einfach viel Wasser, zum zweiten reguliert die Wasserschicht auf den Feldern die Temperatur. Es wird tagsüber im Frühjahr schon sehr heiß, kühlt aber nachts stark ab. Der Reis braucht eine gleichmäßige Temperatur.

Die Lomellina, so heißt diese Landschaft an der Grenze von Piemont und Lombardei, ist Zentrum des Reisanbaus seit dem 15. Jahrhundert. Damals gab es nur eine Reissorte, genannt Nostrale. Heute werden einige Dutzend Sorten angebaut, wobei der Carnaroli

als wertvollste Sorte gilt und am besten geeignet ist für Risotto.

Immer in einer Entfernung von etwa 5 Metern vor mir höre ich das helle Platschen der Frösche, die, von meinen Schritten gewarnt, ins Wasser springen. An einem der Wassergräben hält ein Mann eine Art Leimrute ins Wasser. Ich hatte fast vergessen, dass Froschschenkel als Delikatesse gelten. Er schaut misstrauisch zu mir herüber, als sei nicht ganz legal, was er da tut. Frösche waren, und nicht nur die Schenkel, in diesem Teil der

Poebene einmal so etwas wie ein Grundnahrungsmittel.

In San Germano Vercellese kommt man aus den Feldern heraus direkt zum Bahnhof, unterquert die Bahngleise und erreicht nach einigen hundert Metern auf einer breiten fast promenadenartig wirkenden Straße – gesäumt von zweistöckigen Häusern - den Dorfplatz. Auch noch am späten Nachmittag wirkt San Germano verlassen. Eine schwüle Gewitterluft liegt über dem Ort.

Obwohl Pilger interessiere ich mich nach meinem Tagespensum mehr für die Bar als für die Kirche. Im Schatten des steinernen Bogengangs stehen die Tische und Stühle der

Birreria Bar 2001. Ich falle in einen der Plastikstühle, genieße meine Erschöpfung und das Gefühl, ein sinnvolles Tagewerk vollbracht zu haben. Wasser ist unzweifelhaft ein köstlicher Durstlöscher, aber ein großes Bier ist auch nicht schlecht. In einfachen italienischen Bars kann man die Flaschengröße 0,66 L bekommen und trinkt dann eine Birra Moretti oder Peroni recht preiswert. Gezapftes Bier ist dagegen unverhältnismäßig teuer und schmeckt in der Regel nicht besser.

Das kleine Albergo des Ortes hat im August geschlossen und ich erkundige mich bei der Barista nach anderen Unterkünften, um die Nacht nicht im Freien verbringen zu müssen; keine Katastrophe bei dieser Hitze, aber unbequem wäre es schon. Francesca kommt aus dem Süden Italiens. Wie sie sich hier im Norden fühlt, frage ich.Sie meint: „Noi siamo piu di cuore..." wir sind herzlicher. Das mitmenschliche Klima hier sei kälter. Und über den Pfarrer der Gemeinde ärgert sie sich. Er hätte Raum genug, Pilger zu beherbergen, aber er wolle nicht gestört werden...

Unser Gespräch wird auch persönlich, wir haben beide eine Trennung hinter uns: „Tutti si separano", alle trennen sich, lacht sie. Aber wir sind auch beide wieder mit einem neuen Partner zusammen. Für eine halbe Stunde nehme ich teil am Leben dieser sympathischen Frau, und sie an meinem.

Ihr Lebensgefährte, mit dem zusammen sie die Bar führt, begleitet mich zu einem Rohbau in der Nähe, in dem er mich nach Rücksprache mit dem Besitzer übernachten lässt. So habe ich ein Dach über dem Kopf, Matratze und Schlafsack habe ich selbst.

Von San Germano weiter durch die Lomellina nach Vercelli

Am nächsten Morgen beginne ich den Pilgertag mit einem Cappuccino und einem Croissant. Der Himmel am frühen Morgen ist zartblau und die Luft noch angenehm kühl. Ich sitze unter dem Bogengang, halb drinnen und halb draußen in dieser idealen Zwischenwelt, schlürfe den schaumigen Cappuccino, freue mich auf den Tag und genieße die morgendliche Aufbruchsstimmung. Francesca wünscht Buona Passegiata und spendiert mir das Frühstück.

An den Wegen zwischen San Germano und Vercellese liegen einige der großen Cascine,

jener Landwirtschaftsdörfer, die von außen
eher wie Festungen wirken. Hier lebten bis
etwa Mitte des vergangenen Jahrhunderts bis
zu 50 Familien, heute in der Regel nur noch
eine. Die Mechanisierung der Landwirtschaft
hat die menschliche Arbeitskraft weitgehend
ersetzt. Die Bearbeitung eines Hektars Reis, so
hat die Enterisi - der Verband der
Reisproduzenten- ausgerechnet, verlangte
1940 noch 1000 Stunden Arbeit, heute genügen
50.

Dem Kampf des Landproletariats um bessere
Arbeitsbedingungen hat Bertolucci mit seinem
Filmepos „Novecento" (1900) ein Denkmal
gesetzt. Und einer der berühmtesten Filme des
italienischen Neorealismus *Bitterer Reis* zeigt
Silvana Magnano als eine der „Mondine", jener
Frauen, die im tropisch feuchten Klima der
Pianura Padana den Reis pflanzten, pflegten
und ernteten - bücken, hacken, jäten, geplagt
von den unzähligen Stechmücken. Bis zu einer
Viertelmillion Mondine sind früher aus ganz
Italien gekommen und haben zwischen Mai
und August beim Reisanbau eine anstrengende
und schlecht entlohnte Arbeit gefunden.

Ich frage zwei Arbeiter, die außerhalb einer
Cascina Holz spalten, ob ich den Hof einmal
betreten dürfe. *Die Eigentümer wollen das
nicht* ...ist die freundlich-abweisende Antwort.
Ich gehe bis zum Hoftor, schaue in den
Fußballfeld großen Innenhof, der von
zweistöckigen Wohn- und
Wirtschaftsgebäuden begrenzt wird. Ein
kleiner Hund läuft kläffend auf mich zu, eine
Frau durchquert die staubige Fläche, ohne
mich weiter zu beachten.

Die Strada Provinciale 26 nach Vercellese ist
eine einsame Asphaltstrecke. Auf Mittag zu
wird es heiß, die Luft ist - untypisch für die
Poebene – glücklicherweise trocken.

Gelegentlich fährt ein Lastwagen vorbei und der kühlende Windstoß ist eine kleine Erfrischung. Ich achte darauf, dass die Wasserflaschen an der sonnenabgewandten Seite des Rucksacks stecken, in der schwachen Hoffnung, sie so etwas länger kühl zu halten.

Kurz vor Vercelli steht am Wegrand eine kleine Säule mit den sepiafarbenen Porträts zweier junger Männer. Sie wurde hier 1944 als Angehörige der Resistenza hingerichtet. Ein Menschenleben ist seitdem vergangen. Es hätte auch ihres sein können. Eine solche Erinnerung, einsam in dieser Landschaft aus Kanälen, Pappelreihen und Reisfeldern berührt einen mehr als ein Grabmal auf einem Friedhof, also dort, wo es „hingehört".

Etwa 40000 Partisanen sind ab dem Waffenstillstand zwischen Italien und den Alliierten im September 1943, nach der Landung der alliierten Truppen auf Sizilien, bis Kriegsende im April 1945 gefallen. Ende 1943 gab es etwa 9000 Partisanen, Ende 1944 dann etwa 80000, die gegen die deutsche Besatzung und, was leicht vergessen wird, auch gegen die Italiener kämpften, die sich dem faschistischen Reststaat, der Republik von Salo, angeschlossen hatten. Deren Zahl war in etwa gleich hoch. Es war nicht nur ein Kampf gegen die Besatzer, sondern auch ein Bürgerkrieg.

Die Basis für den Sieg war das militärische Vordringen der Alliierten. Und die Unterstützung für die Partisanen war auch bei der Zivilbevölkerung nicht so uneingeschränkt, wie es der nationale Mythos will. In den 70er Jahren habe ich mit Zeitzeugen im emilianischen Apennin gesprochen, die sich kritisch zu den Aktionen der Partisanen äußerten. Den Vergeltungsaktionen und dem präventiven Terror der Wehrmacht und der faschistischen Truppen, oft in Kooperation, sind ca. 10000 Zivilisten zum Opfer gefallen. Aber auch wenn man die militärische Bedeutung der Resistenza realistisch einschätzt, ihren Beitrag zum Ende der Diktatur hat sie geleistet. Und, was entscheidender ist, sie hat für die neue italienische Republik nach Kriegsende eine politisch- moralische Grundlage geschaffen.

Wenige Kilometer vor Vercelli streift die SP1 den Ort Larizzate. Jetzt in der Mittagshitze ist niemand auf der langgestreckten Hauptstraße zu sehen. Die Rollos der quadratisch-wuchtigen Villen, die in gleichmäßigen Abständen und verbunden durch sichtbegrenzende grau verputzte Ziegelmauern die Straße säumen, sind gegen die Hitze geschlossen. Geschlossen ist zu meiner Enttäuschung auch ein Ristorante und sein schattiger Garten und dies keineswegs per turno, sondern dauerhaft. Die Szenerie ist- in dieser grellen Mittagssonne von steinerner Verlorenheit.

Vercelli ist die Reishauptstadt nicht nur Italiens, sondern Europas. Die Stadt ist als größter Handels- und Umschlagplatz für Reis in Europa wohlhabend geworden. Nirgendwo sonst in Europa sind die Bedingungen für den Anbau derart günstig wie hier in dem Lomellina genannten Teil der Poebene. Um ein Kilo Reis zu erzeugen braucht es tausende von Litern Wasser - das Schmelzwasser aus den Alpen sorgt im Frühjahr für die notwendige Überflutung der Felder und das feuchtwarme Klima für das Wachstum der Reispflanzen.

Die Basilika St. Andrea ist der künstlerisch-architektonische Höhepunkt von Vercelli. Mein erster Weg führt dorthin, auch weil ich hoffe, in dem benachbarten Konvent ein Nachtquartier zu finden. Ich habe es diesmal versäumt, mich vorab anzumelden, was sich jetzt rächt: der Konvent nimmt schon seit einigen Jahren keine Pilger mehr auf, die Information ist überholt.

Das hindert nicht daran, die wunderschöne spätromanische Basilika zu bewundern, ein mächtiger roter Ziegelbau, hell verputzt mit grünem Zierstein und in seinen Proportionen orientiert an der französischen Baukunst der Zisterzienser.

Als Pilger werde ich später in dem weitläufigen
Pfarrhaus einer Gemeinde am Rande der Stadt
aufgenommen. Mit mir übernachten zwei
ehemalige Angehörige der Schweizer Garde,
die in der Tat über Gardemaße verfügen – eine
ungewohnte Erfahrung, wenn man selbst mit
Größe 1,83m noch zu jemandem aufschauen
muss. Der riesige Schweizer erzählt, er habe
im Jahre 2006 einen Pilgermarsch ehemaliger
Schweizergardisten von Bellinzona nach Rom
geleitet, der die Via Francigena vor allem in der
Schweiz wieder bekannt gemacht habe.

Selbstverständlich bestelle ich am Abend in
einer Trattoria einen Risotto. Und
selbstverständlich ist er hier in seiner Heimat

ganz ausgezeichnet: ich liebe diese cremige Konsistenz, welche die bissfesten Reiskörner umhüllt und die Fähigkeit dieses Gerichts, sich mit vielen unterschiedlichen Zutaten zu verbinden. Ich bereite es auch gern als Hobbykoch zu, es ist angenehm fehlerverzeihend und es reizt zum Experimentieren.

Von Vercelli über Palestro nach Tromello

Der Weg zwischen Vercelli und Mortara führt zunächst an der Sesia entlang, einem der zahlreichen Zuflüsse des Po. Ich laufe über endlos scheinende schnurgerade Wirtschaftswege, die sich irgendwo am Horizont im Dunst aufzulösen scheinen. In diesem milchigen Dunst bilden die weithin sichtbaren Kirchtürme Anker für den schweifenden Blick.

Das üppige Grün des Flussufers gibt der Landschaft einen nahezu tropischen Charakter. Die Mückenplage hält sich trotz der hochsommerlichen Temperatur und Schwüle in erträglichen Grenzen. Die Reisfelder werden seltener, mittlerweile überwiegt der Anbau von Mais und Weizen.

Immer wieder scheuche ich Schwärme von Fasanen auf, die mich mit ihrem plötzlich ertönenden Flügelgeklapper zusammenzucken lassen, um sich dann einige Hundert Meter weiter in den Feldern zu verstecken.

Über weite Strecken ist keinerlei Schatten zu finden. Es kommt mir geradezu heimtückisch vor, dass einzeln stehende Bäume oder kleine Baumgruppen, die von weitem Schatten

versprechen, vom Weg durch Wassergräben
getrennt und unerreichbar sind.

Der Weg führt am Rande kleiner Ortschaften
wie Palestro vorbei. Aus den Getreidefeldern
steigen die graubraunen eng
zusammenstehenden Häuser unvermittelt auf
– einen Ortsrand mit Villen oder
Gewerbebetrieben gibt es nicht.
Ein riesiges Schlachtengemälde auf einer
Hauswand im Zentrum von Palestro
dokumentiert ein historisches Ereignis: im Mai
1859 kam es hier zu Gefechten. Im Rahmen des
2. italienischen Unabhängigkeitskrieges
zwangen französische und sardische Truppen
im Verein mit piemontesischen Freiwilligen
die Österreicher zum Rückzug Richtung
Mailand. Die Silhouette Palestros auf dem
Gemälde entspricht in etwa der, die ich beim
Näherkommen gesehen habe. Entweder hat
sich hier seit 150 Jahren nichts wesentlich
verändert oder das Gemälde ist nicht so alt, wie
es stilistisch auf den ersten Blick wirkt.

Auf Schotterwegen geht es zwischen Kanälen
und Maisfeldern in den dunstigen Horizont
hinein. Auch kleine Dörfer, die nur wenige
hundert Meter entfernt sind, lassen sich im
feuchtwarmen Nebel kaum ausmachen. In
dieser Einsamkeit warte ich vor der

geschlossenen Schranke einer Regionalbahn. Die Strecke ist eingleisig, schnurgerade und verliert sich, wie alle Ferne hier, im Dunst.

Einige der kleinen Kommunen sind stolz auf ihre Lage an der Via Francigena und begrüßen einen am Ortseingang – wie etwa Nicorvo – mit Schildern „Comune sulla Via Francigena", die so groß sind wie das Ortsschild selbst. Die Ausschilderung des Weges ist insgesamt von sehr unterschiedlicher Dichte und Qualität. Es hängt von den Verantwortlichen in den jeweiligen Kommunen ab, ob Interesse da ist: Geld ist es auf jeden Fall, der Europarat hat etliche Millionen Euro für die Ausschilderung und Pflege dieses europäischen Kulturweges zur Verfügung gestellt. Es gibt sogar einen „strategischen Plan" der AEVF (Assoziazione Europea delle Vie Francigene) in dem Zeitraum von 2020 bis 2022 die Zahl der Wanderer und Pilger auf der VF zu verdoppeln (ein Plan, der im Corona-Jahr 2020 zur Makulatur geworden ist: es gab kaum Pilger, viele Unterkünfte blieben geschlossen)

Für den Pilger ist es in der Regel günstig, wenn er sein Etappenziel bis zum späten Nachmittag erreicht hat. Vor allem in Pfarreien oder in Kommunen trifft man dann diejenigen an, die einem das Quartier öffnen können. Aber mitunter hat der Wanderer am frühen Nachmittag ein Quartier erreicht und versucht in ungebrochener Lauflust bis zum nächsten zu gelangen. Vor Tromello hatte ich mein Tempo und meine Kräfte überschätzt, ich hatte keine Chance vor 21 Uhr am Ziel zu sein. Glücklicherweise erreiche ich den Pfarrer der Gemeinde telefonisch. Er nennt mir einen „collaboratore", einen ehrenamtlichen Mitarbeiter der Pfarrei, der sich auch spät noch kümmert und das Nachtquartier aufschließt.

Um den Weg bei der schon allmählich einsetzenden Dämmerung abzukürzen durchquere ich den Innenhof einer Cascina, um zur nächstgelegenen Landstraße zu kommen. Bei den meisten Landstraßen ist es möglich, zumindest einige Kilometer auf dem Seitenstreifen zu gehen – nicht idyllisch, aber auch nicht gefährlich. Bei der Strada 596 di Cairoli allerdings, die mich ohne Umwege nach Tromello gebracht hätte, wäre das denn doch lebensgefährlich geworden: schmal, kein Seitenstreifen und stattdessen Wassergräben links und rechts. Nachdem ein LKW im Halbdunkel nur wenige Zentimeter an mir vorbeigedonnert ist, gehe ich zurück zu der Cascina und laufe zwischen den Feldern weiter. Ich erreiche Tromello erst spät und in der Dunkelheit.

Dem hilfsbereiten Collaboratore der Gemeinde erkläre ich telefonisch die Situation. Er freut sich über mein Italienisch, und beklagt, dass er Leuten kaum helfen könne, die kein einziges Wort Italienisch verstehen. Wir verabreden uns auf der Piazza. Tromello ist eine schmucklose Aufreihung zweistöckiger Häuserzeilen, Piazza und Kirche im Zentrum. Dennoch: die abendliche Atmosphäre dieser Kleinstadt ist warm und lebendig, und ich erhalte von einer Gruppe älterer Männer freundlich Auskunft über den Weg zur Piazza. Einer ruft mir den Namen des Collaboratore zu, er erwarte mich. Mit zwei weiteren Pilgern essen wir gemeinsam in einer Pizzeria, laden den hilfsbereiten Mann zum Abendessen ein und beziehen spät unser Quartier.

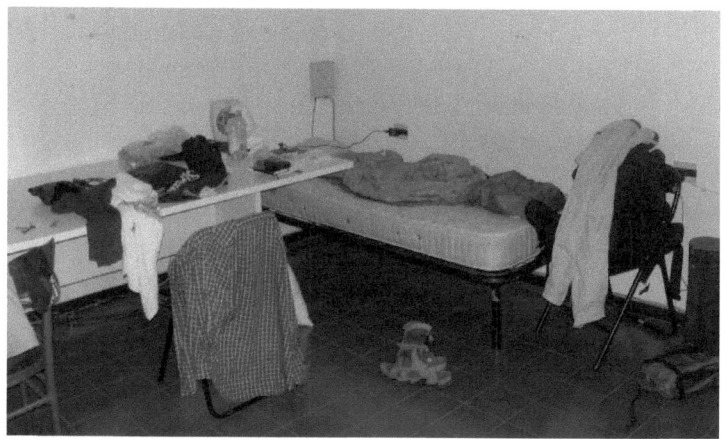

Von Tromello
nach Pavia

Der Weg nach Pavia führt über weite Strecken an Bewässerungskanälen entlang. Ein kunstvolles und bereits im 18. Jahrhundert entwickeltes System der Bonificazione, der Urbarmachung durch Be- und Entwässerung, hat die weiten Flächen der Poebene bewohnbar und bewirtschaftbar gemacht. Nach den Niederlanden ist Italien das Land mit den größten Bodenflächen, die durch Melioration urbar gemacht worden sind, dies vor allem natürlich in der Poebene. Landbesitzer zahlen Abgaben an die Institutionen, die das System der Be- und Entwässerung pflegen.

In Pavia angekommen schlendere ich die abschüssige Viale Liberta hinunter in Richtung des Flusses Ticino, auf Deutsch des Tessin. Der Straßenname passt zu meiner Stimmung: nach all den Wiesen, Feldern und Wassergräben genieße ich das Flanieren zwischen den Passanten, insbesondere den sommerlich-luftig gekleideten Passantinnen, weiße Blusen dominieren, lässige und gepflegte Eleganz. Moderner Lebensstil in einer alten Stadt, die „einen gediegenen Charme ausstrahlt, wie ihn sehr alte Orte haben, in denen man ohne viel

Aufhebens seit ewigen Zeiten das Beste aus dem Leben macht" schreibt Bettina Dürr in ihren Himmlischen Reisen über Pavia und weiter: "Ein warmes Farbenspiel spiegelt sich in den Braunschattierungen der Backsteine, dem Terrakottaton der Fassadenverzierungen aus der Lehmerde der Poebene, dem hellen Sandstein und den zarten Verputzfarben."

Die Fassaden der vierstöckigen Häuser tragen kleine Balkone, deren Läden in der Mittagshitze geschlossen sind; sie erinnern an französische Städte. Die Viale Liberta führt hinunter zum Fluss und zu einem Wahrzeichen der Stadt, dem „Ponte Coperto", einer überdachten Brücke über den Ticino. Die

Brücke ist eine Rekonstruktion der alten gotischen Brücke aus dem 14. Jahrhundert, die im Krieg durch alliierte Bombardements so beschädigt wurde, dass sie 1948 gesprengt werden musste. Eine Gedenktafel an der Brücke vermeidet Schuldzuweisungen, wie sie bei Zerstörungen durch die Wehrmacht gängig sind und spricht lediglich davon, die Brücke sei „der Furie des Krieges" zum Opfer gefallen.

Auf einer anderen Tafel wird Albert Einstein, die Familie lebte 1895 für ein Jahr in Pavia, mit einem kleinen Nachruf auf die Brücke zitiert. In einem Brief an eine italienische Freundin schreibt er 1947: „An die schöne Brücke in Pavia habe ich oft gedacht." Da standen immerhin noch die Reste.

Der Blick von der Brücke in Richtung des anderen Ufers überrascht mich. Alles städtische ist dort verschwunden, der Ortsteil nennt sich Borgo Ticino und die Uferstraße wird gesäumt von kleinen zweistöckigen Häusern. An dem Wiesenufer des Flusses liegt eine Reihe blauer Boote.

Von Pavia
nach Orio Litta

Ich verlasse Pavia auf der Ausfallstraße Richtung Cremona. Wenige Schritte vor der Kirche San Lazzaro ruft jemand: Vuole aqua? Brauchst du Wasser? Ein Handwerker in blauer Arbeitsmontur kommt mir entgegen und steckt mir eine gut gekühlte Flasche Wasser zu, zeigt dabei in den mittagsheißen Himmel und ermuntert mich mit dem Ruf: L`aqua e fresco! ...das Wasser ist kühl...

Die Kirche San Lazzaro ist nach Lazarus benannt, dem Schutzheiligen der Leprakranken. Seitlich der Kirche befindet sich ein Gebäudekomplex, der im Mittelalter als Armenhospital genutzt wurde und auch bedürftige Pilger versorgte.

Die einschiffige Kirche ist im romanisch-lombardischen Stil erbaut und ein einfaches Beispiel für die Vermischung klassisch-romanischer Stilelemente mit eher südlich anmutenden Marmor-Intarsien. Typisch ist die Bauweise aus gebrannten Ziegeln und die lombardische Form einer in nahezu ganzer Breite aufsteigenden Fassade, die nur in der Mitte leicht erhöht wird.

Auf ein Verkehrsschild hat ein vorangegangener Pilger „Buon Camino" geschrieben - ich freue mich über den Gruß, wissend dass ich nicht der erste und nicht der letzte auf diesem Weg bin. Und der Gruß schafft die Gewissheit, auf dem richtigen Weg zu sein.

In Entfernungen von 5 bis 10 Kilometern liegen die Dörfer der Po-Ebene. Auf den Straßen sehe ich nur wenige Menschen; nicht jedes Dorf hat noch eine Bar. In den meisten gibt es kleine Lebensmittelgeschäfte „Pane e Salumi", Brot und Wurstwaren, zudem Käse, Olivenöle, Kaffee. Die Atmosphäre dieser Läden zieht mich magisch an und wenn ich sonst nichts benötige, lasse ich mir für wenig Geld Panini zubereiten. Hinter einer kleinen Theke persönliche Bedienung, gefragt werde ich nach dem Woher, das Wohin ist klar „Vai a Roma?" und immer wieder wird mein Fußmarsch staunend anerkannt. Der Sinn des Laufens ist für Italiener, vor allem für die Älteren, nicht so recht nachvollziehbar, es war eben die Fortbewegung der armen Leute.

Bei den Jüngeren entwickelt sich eine Trekking Kultur und auch für geführte Wanderungen auf der Via Francigena gibt es mittlerweile etliche Angebote, sowohl für säkulare und kunstinteressierte wie für religiöse Pilger.

Die Italiener vermuten hinter meiner Fußreise oft ein starkes religiöses Motiv. Mir fehlt die klassische Fundierung einer Pilgerreise: Buße, Umkehr, Glaubensvertiefung. Aber dennoch: Ich begebe mich bewusst auf die Spuren all der

Pilger vor mir, besuche Klöster und Gotteshäuser und sehe mich als Teil eines Jahrtausende alten Stromes von Menschen auf der Via Francigena, deren Motive gewiss vielfältig waren: „In meines Vaters Haus sind viele Wohnungen...", das gilt für alle Pilger, damals wie heute. Es bleibt die Hoffnung, dass eine dieser Wohnungen dereinst frei sein wird.

Die Dörfer in der Poebene sind in der Regel langgestreckte Straßendörfer. Oft sind diese Dörfer zum Schutz vor Hochwasser auf kleinen Hügeln entstanden, die Kirchen jeweils am höchsten Punkt. Sie ragen denn auch aus dem silbrig-feuchten Dunst der Poebene - die umgebenden Häuser sieht man noch nicht – als Solitäre heraus aus den Reis- und Maisfeldern.

Costa de Nobili ist ein solcher Ort, dem man sich als Pilger nähert fast wie einem verwunschenen Schloss. Hinter den ockerfarben oder bunt verputzten zweigeschossigen Häusern mit ihren kleinen Balkonen liegen Wirtschaftsgebäude, Scheunen, Stallungen, die man durch offene Hoftore sieht. Auf der kleinen Piazza stehen die Plastikstühle der Bar des Dorfes, jeder scheint jeden zu kennen, beiläufig werden jetzt am späten Vormittag eines Werktages kurze

Gespräche geführt. Ich habe fast das Gefühl, einen privaten statt eines öffentlichen Raumes zu betreten, aber natürlich stört sich niemand an mir. Auch dieses Dorf schreibt im Ortsschild Comune sulla Via Francigena, Pilger sind willkommen.

Auf die Auszeichnung des Weges kann man sich nicht immer verlassen und ebensowenig auf die eigene Aufmerksamkeit. Ich finde mich unvermutet am Ende eines Wiesenpfades in einem Gestrüpp von Büschen und feuchtem, hohem Gras wieder – nirgendwo ein gelbes Pilgermännchen. Als Orientierung dienen der Wehrturm einer entfernten Cascina und für die Grundrichtung der Kompass. Die vernünftigste Entscheidung wäre umzukehren, gemäß der klassischen Weisheit: wenn du den Weg verloren hast, musst du zu dem Punkt zurückkehren, wo du ihn verloren hast.

Die Wahrscheinlichkeit, dass es irgendwann durch das dichte Gestrüpp gar nicht mehr weitergeht und der dann unvermeidliche Rückweg lang und anstrengend wird, ist hoch. Aber ich mag nicht umkehren, treffe keine Vernunftentscheidung und kämpfe mich weiter durch die üppige Vegetation. An platt getretenem Gras und umgeknickten Zweigen erkenne ich allerdings, dass ich nicht der erste Irrläufer hier bin. Ich fühle mich ein wenig wie ein Indianer bei der Verfolgung einer Spur. Die gibt mir Hoffnung, dass es mit zerkratzten Beinen und kleinen Hautrissen durch zurückschnellende Zweige bald vorbei ist.

Der Trampelpfad endet an einer eingleisigen Bahnstrecke. Ich laufe, immer vorsichtig nach vorn und rückwärts sichernd und regelmäßig das Ohr ans Gleis legend, die Strecke in Richtung des Wehrturmes entlang. Über kurz oder lang muss ein Bahnübergang kommen, der diesem Wildwest-Vorankommen ein Ende setzt. Ich nehme mir vor, in Zukunft frühzeitig umzukehren, wenn ich den Weg verloren habe. Das setzt allerdings voraus, dass ich dies erkenne und mir auch eingestehe, die Orientierung verloren habe: weder auf diesem Weg noch auf jedem anderen ist dieses Eingeständnis einfach.

Der Zeitverlust eines Irrweges lässt sich in der Regel verkraften, ich habe dann eben am Abend weniger Zeit, mich am Ziel erst auszuruhen und dann umzuschauen. Aber diesmal ist die Verzögerung ärgerlich. Am Abend wollte ich über den Po setzen und hatte mich telefonisch mit dem Fährmann für 18 Uhr verabredet. Das ist jetzt kaum noch zu schaffen. Das heißt, ich muss mich um ein anderes Nachtquartier kümmern.

Ich gehe zügig weiter in Richtung Orio Litta. In der Ferne sehe ich eine Pilgerschar, die eine falsche Abzweigung nimmt. Der Weg führt ans Ufer des Flusses Lambro und endet dort, wie ich auf der Karte sehe. Die Gruppe ist schon zu weit, um sie zurück zu rufen. Ich warte, da ich vermute, dass diese Pilger wie ich den Po überqueren wollen. In der Gruppe rechne ich mir bessere Chancen aus, trotz Verspätung noch übersetzen zu können.

Es sind Franzosen, die tatsächlich mit dem Fährmann verabredet sind. Ich rufe ihn noch einmal an, um uns alle als leicht verspätet zu melden. Ich erreiche ihn, höre aber nur ein wüstes Geschimpfe, irgendetwas von mangelndem Respekt… dann legt er auf. Ich probiere es noch einmal, um Missverständnisse auszuschließen. Ich kann mir nicht vorstellen, dass jemand wegen einer knappen Stunde Verspätung auf das Geschäft der Überfahrt und Beherbergung von einem Dutzend Pilgern verzichtet. Aber der Fährmann meldet sich nicht mehr.

In Fidenza erzählt mir später eine Pilgerin, dass sie trotz Anmeldung stundenlang in der

Sommerhitze gewartet hat und den Weg nach Piacenza dann im Dunkeln zurücklegen musste. In alten Pilgeraufzeichnungen wird von Fährleuten berichtet, die Boote absichtlich kentern ließen, um die Habe der Ertrunkenen zu erbeuten. Oder auch, etwas harmloser, von erpresserisch hohen Fährgebühren.

Da ist das Schicksal des heutigen Pilgers entschieden leichter: wir schreiben die Überfahrt ab und entscheiden uns, in Orio Litta zu übernachten. Aus der nachmittäglichen Hitze der Ebene steigt der auf einer kleinen Anhöhe liegende Ort vor uns auf.

Wir werden sehr herzlich von dem herbeigerufenen Bürgermeister empfangen, der uns unser Quartier zeigt. Die Zahl der Schlafstellen reicht so gerade aus. Pilgern in einer großen Gruppe kann ein Nachteil sein. Ich erlebe mehrmals in diesen Tagen, in denen ich mit den Franzosen wandere, dass die für Pilger vorgesehenen kirchlichen oder kommunalen Schlafplätze nicht ausreichen. Wenn man dann Glück hat, gibt es einen Platz für die eigene Matratze.

Am Abend speisen wir alle zusammen in der „Vecchia Osteria sulla Via Francigena", die nach Auskunft des Sindaco allerdings erst zwei Jahre alt ist. Es wird natürlich nicht a la Carte gegessen, sondern der Wirt stellt ein für alle gleiches Pilgermenu auf die lange, hölzerne Tafel – zu einem wirklich günstigen Preis. Orio Litta ist stolz auf seine Lage an der Via Francigena und wir fühlen uns als Gäste sowohl in unserem Quartier wie auch in der Osteria willkommen und gut versorgt – eine wunderbare Erfahrung am Ende eines anstrengenden und wegen der abgesagten Überfahrt auch etwas enttäuschenden Tages.

Am Ortsausgang von Orio Litta liegt die Villa Litta, ein riesiger Barockpalast, erbaut Mitte des 18. Jahrhunderts. Trotz seiner Größe wirkt der Palast keineswegs bombastisch. Die Fassade und auch die Gestaltung der

Innenräume ist im Grunde schlicht, alles wirkt durch harmonische Proportionen. Die Villa hat etliche Besitzwechsel hinter sich und verfiel in der ersten Hälfte des 20. Jahrhunderts. Erst die jetzigen Besitzer, die Familie Carini, restaurierte die Villa ab 1970 nach und nach; heute steht sie unter Denkmalschutz und kann für Festlichkeiten und Kongresse genutzt werden.

Die Via Francigena führt an der Fassade vorbei und biegt dann ab in Richtung Po. Auf andere Weise beeindruckend ist der Anblick der rückwärtigen Fassade, also der dem Po zugewandten Seite der Villa: die silbriggrün schimmernden Reis- und die weniger malerischen Maisfelder erstrecken sich bis zum Fuß der kleinen Anhöhe, auf der der Palast steht. Keine Umbauung stört den Eindruck des aus der dunstigen Landschaft wie der Traum eines barocken Architekten herauswachsenden Palastes.

Von Orio Litta am Po entlang
nach Piacenza
Von Piacenza durch Fiorenzuola
nach Fidenza

Ich verlasse Piacenza in Richtung Südosten über die Via Aemilia, vielleicht die bekannteste aller römischen Straßen. Die schönste dieser Straßen, die Appia Antica, die „Königin aller Straßen", führt aus Rom hinaus nach Süden.

Die Aemilia wurde erbaut zwischen 187 und 175 v.Chr. unter Konsul Marcus Aemilius Lepidus. Am südlichen Rand der Poebene gelegen hatte sie, wie immer bei den Römern, einen militärstrategischen Zweck: sie ermöglichte schnelle Truppenbewegungen, um die unterworfenen gallischen Stämme in Gallia Cisalpina im Griff zu behalten. Dem dienten auch die in Abständen von ca. 30 Kilometern gegründeten Versorgungsstationen und Handelsplätze, heute die Städte Piacenza, Fidenza, Parma, Modena, Bologna, Forli etc. Einige dieser Städte wurden im frühen Mittelalter zu Bistumssitzen. In deren Zentren stehen romanische Kathedralen von beeindruckender Schönheit.

Die Straße gehört heute sicher zu den verkehrsreichsten in Italien, und dies trotz der weitgehend parallel verlaufenden Autobahn, der Strada del Sole. Die Verantwortlichen für die Via Francigena haben sich dankenswerterweise bemüht, den Pilgerweg so zu führen, dass er die Via Aemilia vermeidet. Der Pilger nimmt nicht den schnurgeraden Weg am Rande der Poebene nach Südosten, sondern schwingt sich in großen Bögen um diese direkte Verbindung herum und kreuzt sie mehrfach. Der Weg führt durch eine eher reizlose Agrarlandschaft, vorbei an Kanälen und flachen weißgekalkten Wirtschaftsgebäuden. Verheißungsvoll nähert sich die Bergkette des Apennin. Bei Fidenza biegt die Via Francigena nach Südwesten ab und führt hinein in die Hügel.

Zwischen Piacenza und Fidenza will ich in einem kleinen Straßendorf übernachten. Leider ist ein einfaches Fernfahrer Albergo belegt und das Hotel des Ortes geschlossen. Mein Vorschlag, mich nach einer Abendmahlzeit auf der überdachten Terrasse schlafen zu lassen, findet leider nicht die Billigung der freundlichen Wirtin. Stattdessen telefoniert sie und erreicht, dass für mich ein Zimmer in dem Hotel geöffnet wird.

Der nächste Tag ist ein Sonntag. Ich schaue früh morgens aus dem Fenster und minutenlang kommt kein Auto vorbei. Das endlose Zick-Zack auf den immer gleichen Wirtschaftswegen bin ich leid und beschließe, nach Fidenza den direkten Weg zu laufen. Die Via Aemilia verläuft, wie es römische Art war, schnurgerade, ist mithin die kürzeste Verbindung zwischen den Städten und sicherlich der Weg, den in alten Zeiten die Pilger genommen haben. Die Straße ist auch als Via Francigena ausgeschildert. Es gibt in der

Emilia Romagna – und nur hier- auch eine Beschilderung für den Autoverkehr. Dies führt mich bei Fidenza einmal in die Irre.

Die moderne Via Aemilia führt um die kleinen und großen Städte, die sie verbindet, als Umgehungsstraße herum. Als Wanderer kann ich geradeaus durch die Zentren gehen. Die Sonntagsstimmung in einer Kleinstadt wie Fiorenzuola d'Arda ist etwas Besonderes: in den Bars stehen vorwiegend Männer, trinken einen Espresso oder den ersten Aperitif, davor auf der Piazza unter dem Sonnenschirm sitzen die Frauen und tun das gleiche. Die Kinder fahren Rad auf der Piazza und quengeln, nur Jugendliche sind kaum zu sehen – schlafen sich vielleicht aus nach durchfeierter Samstag-Nacht.
Vom Dom mit der typisch lombardischen Fassade ertönt ein sehr hell, etwas dünn klingendes Geläut...

„Pont e Cül" - Kopf oder Hintern heißt es in Fiorenzuola zu Ostern. In der Altstadt sind dann die Bürger mit hartgekochten Eiern unterwegs und fordern sich zum Wettkampf im Eier- Zerschlagen auf: je zwei Kontrahenten schlagen die Eier erst mit der Spitze, dann mit dem „Hintern" aneinander, und wessen Ei weniger Blessuren davon trägt ist Sieger und behält das Ei des Verlierers. Ein Fest, wie es so wohl auch in Italien nur in der familiären Atmosphäre einer Kleinstadt gedeihen kann.

Eine leere Hauptverkehrsstraße wie die Via Aemilia am Sonntagmorgen hat etwas feierlich Ungewöhnliches, aber auch leicht Unheimliches. Als Wanderer entlang des Straßenrandes genieße ich die Ruhe und erwehre mich des Gefühls, dass die Leere doch irgendwie ausgefüllt werden müsse – womit und wozu auch immer...

Von der Straße gehen in unregelmäßigen Abständen Alleen aus, die zu Gutshöfen führen. Früher wird die Lage an dieser großen Verbindung ein Standortvorteil gewesen sein, um Agrarprodukte zügig auf die Märkte all der Städte zu bringen, die diese Straße verbindet. Heute wirken die Gutshöfe, soweit sichtbar, verlassen. Mit der Mechanisierung der Landwirtschaft sind viele Gebäudetrakte, in denen einmal Landarbeiter und ihre Familien gewohnt haben, funktionslos geworden. Und die Nähe zur Via Aemilia ist angesichts des dichten modernen Straßennetzes auch nicht mehr von Bedeutung.

In Fidenza stehe ich staunend vor der Fassade des Domes und versuche, zumindest einige der Geschichten zu lesen, die dort in Stein gemeißelt sind. Bettina Dürrs Buch „Himmlische Reisen" ist meine Leseanweisung:: „...oben links neben dem Haupteingang...sind die Heiligen Drei Könige zu sehen...Da die Heiligen Drei Könige...als die Urväter des christlichen Pilgertums gelten, schließt sich der Kreis mit dem zweiten beherrschenden Thema, das durch die Reliefs aufgegriffen wird....Auf dem Reliefband an der Südseite des rechten Turms sind Pilger zu sehen, wie sie im Mittelalter an der Kirchenfassade vorbeizogen: in Kapuzenmänteln und Kutten, barfuß und zu Pferde; des weiteren, oben unter dem Vordach des Haupteingangs: rechts die armen Pilger in kurzem Rock und ohne Schuhe, links die reichen in faltenreichen Gewändern und Fußbekleidung. Und links an der Fassade weist die große strenge Apostelfigur des Simon Petrus allen den rechten Weg, denn auf seiner Pergamentrolle steht: Simon Apostulos eundi Romam Sanctus demonstrat hanc viam – das heißt der Apostel Simon zeigt, welcher Weg einzuschlagen ist, um ins heilige Rom zu gelangen." (S. 104-106)

Im Inneren des Domes stelle ich meinen Rucksack neben einen anderen und treffe im Seitenschiff eine Pilgerin aus Wien. Wir trinken nach der Besichtigung des Domes einen Cappucino zusammen. Sie spricht kein Italienisch und ich frage sie, wie sie zurechtkommt. Sie meint, das sei kein Problem. Wenn sie nach dem Weg fragen müsse, genüge es doch, mit leicht unsicherem Blick Via Francigena zu sagen: mit der Richtungsanzeige plus einem destra / sinistra Grundvokabular sei das Problem zumeist gelöst. Im übrigen seien nach ihrem Eindruck immer mehr Italiener, vor allem die jungen, erpicht darauf, ihr schlichtes Englisch zu üben.

IV. Über den Apennin

Von Fidenza durch den Vor-Apennin
nach Costamezzana

Ich verlasse die Stadt zunächst noch auf der Via
Aemilia, die als Ausfallstraße nach Parma
führt. Den großformatigen Schildern Via
Francigena folge ich etwas zu schnell und
übersehe dabei, dass diese den Weg für den
Autoverkehr anzeigen sollen, für Auto-Pilger,
falls es so etwas gibt. So biege ich erst spät nach
Südwesten ab und statt der vorgesehenen
kleinen Wirtschaftswege folge ich einer,
allerdings wenig befahrenen, strada
provinciale.

Die Höhenzüge des Apennin wirken aus der
Ferne noch nicht sonderlich beeindruckend,
die Landschaft steigt ihnen sanft entgegen.
Wiesen, Äcker, Baumgruppen und Sträucher
an Bachläufen – das Landschaftsensemble
würde nicht weiter italienisch wirken, wenn
nicht die Architektur wäre: zweistöckige Villen
mit zum Schutz vor der Hitze geschlossenen
Fensterläden, abblätternder rostfarbener
Verputz. Ich passiere einen Friedhof dessen
Vorplatz als Abstellfläche für Müllcontainer
genutzt wird. In die Wand einer kleinen

Kapelle am Wegrand ist eine Tontafel mit dem Pilgermännchen eingelassen, ich bin also auf einem richtigen Weg, wenn es auch nicht der kürzeste ist.

Vor Costamezzana steigt die Straße plötzlich steil an. Der Ort besteht aus einem halben Dutzend Häusern, am höchsten Punkt neben der Kirche liegt die Unterkunft, wohl ein einstiges Schulgebäude, das jetzt eine Art Landschulheim ist und Schulklassen, Sportgruppen und eben auch Pilgern als Herberge dient. Ich werde sehr gastfreundlich empfangen: der Custode des Hauses hat bereits von meiner Ankunft in Costamezzana gehört, erwartet mich auf der Freitreppe und fragt, ob ich bleiben will, natürlich will ich.

In einem Dorfladen - früher hat man solche Geschäfte als Gemischtwarenhandlung bezeichnet, es gibt alles, was für das alltägliche Leben notwendig ist - hole ich mir meinen Stempel ab und frage, wo man zu Abend essen könnte. Die Trattoria des Ortes hat ihren Ruhetag, aber ein freundlicher Signore erklärt sich bereit, mit der Betreiberfamilie zu sprechen. Nach fünf Minuten ist er zurück und verkündet, dass es ein einfaches Pilgergedeck gibt und die gleiche Abendmahlzeit wie die Familie. Ich solle um 20 Uhr da sein. Natürlich ist das recht und am Abend speise ich ausgezeichnet.

Von Costamezzana am Taro entlang nach Fornovo di Taro

Der Weg nach Fornovo di Taro führt durch die Hügellandschaft des Vor-Apennin, vorbei an Blumenwiesen und vereinzelten Gruppen von Rebstöcken. Am Horizont erscheinen in einem bläulichen Dunst die Bergketten des zentralen Apennin. Vereinzelt setzen quadratische Türme, in denen vielleicht die Ernte zwischengelagert wird, Markierungen in die Landschaft. Auf einem pyramidenartig aufragenden Hügel ist eine Art Ringwall zu sehen, überragt von einem hohen Kreuz – eine ungewöhnliche Friedhofsanlage, wie ich beim Näherkommen feststelle.

Im Talboden vor dem Hügel geht der Weg durch einen kleinen Fluss, einige Steine im Flussbett machen dies trockenen Fußes möglich. Der Fluss ist zum Bach geschrumpft, in den letzten Tagen hat es nicht geregnet.

Die Via Francigena führt durch das weite Flussbett des Taro. Zwischen Fornovo bis hinunter zur Via Aemilia ist diese ausgedehnte Kiesel – und Buschlandschaft ein Naturschutzgebiet, das der Taro bei Hochwasser einnehmen kann. Eine auf mächtigen Stützpfeilern ruhende Eisenbahnbrücke aus dem 19. Jahrhundert betont die Ausdehnung dieses Naturparkes und stört den Eindruck von Ruhe und Einsamkeit nicht.

Das Kiesbett des Taro füllt nahezu den gesamten Talgrund aus, der Taro selbst ist zu dieser Jahreszeit nur ein kräftiger Bach. Die hohen Bögen der Brücke lassen aber ahnen, dass dies nicht das letzte Wort des Flusses ist. Tatsächlich wurden Teile der Brücke im November 1982 bei einem Hochwasser weggeschwemmt. Im Internet kann man das Bild eines LKW mit eingeschalteten Scheinwerfern sehen, dessen Vorderräder über den weggebrochenen Brückenrand ins Leere ragen. Ein vergleichbares Bild gab es, als 2018 die Autobahnbrücke Ponte Morandi bei Genua eingestürzt ist...

In der Dämmerung, also viel zu spät, überquere ich die Brücke und suche das Kloster, in dem ich übernachten möchte. Der Himmel hat sich mittlerweile bewölkt und der Tag, der warm und sonnig begonnen hat, endet in einem Platzregen. Die herzerwärmende Freundlichkeit der vietnamesischen Nonnen tut gut, kühl und durchnässt, wie ich ankomme.

Im Kloster gibt es keine Verpflegung, zum Einkaufen bin ich nicht gekommen, und ein Restaurant in der Nähe gibt es auch nicht – Fastenzeit also, gezwungenermaßen. Das verlangt nicht einmal die Kirche, die Reisende von Fastengeboten ausnimmt. Aber fast 30 Kilometer Wandern reichen allemal, um müde in das klösterliche Bett zu fallen.

Von Fornovo di Taro
nach Sivizzano

Im Zentrum von Fornovo di Taro steht die romanische Kirche Santa Maria Assunta. Ein in die Fassade eingelassenes Relief zeigt drastisch, welche Höllenqualen ein Sünder erleidet, der ohne Reue ist. Den Pilger des Mittelalters wird

diese Darstellung motiviert haben, den Weg nach Rom als Bußgang fortzusetzen.

Der Weg von Fornovo nach Luni am Ligurischen Meer über den Cisa-Pass war und ist auch heute eine der meistgenutzten Apennin-Überquerungen. Mein Etappenziel ist Sivizzano: dort liegt ein Kloster, dass um 1100 von Zisterziensern gegründet wurde und in dem, in einem angeschlossenen Krankentrakt, Pilger versorgt wurden. Heute können sie dort wieder übernachten.

Diesmal hatte ich mich telefonisch angemeldet und eine freundliche weibliche Stimme hatte mir versichert, dass im Dormitorium des kleinen Ex-Klosters reichlich Platz sei. Ich steige zur heißesten Zeit des Tages, um 3 Uhr am Nachmittag, hinauf in die sanftwellige Hügellandschaft. Felder ziehen sich als graubraune Rechtecke die Hänge hoch, eingefasst von kräftigem Grün. In der Nachmittagshitze kräht ein Hahn.

Gelegentliche Wolken vor der Sonne und Bäume am Westrand der wenig befahrenen Nebenstraße bieten für Momente ein wenig Schatten. In Le Capanne lädt ein „Pilgergarten" zur Rast und zum Auffüllen der Wasserflaschen ein. An einem Wunsch- und

Gedankenbaum hängt ein Zettel: Ripercorrere strade antiche per scoprire le nuove – alte Straßen wieder begehen, um die neuen zu entdecken…"

Der Satz erscheint mir auch wie eine Wegweisung für meine psychotherapeutische Arbeit: die alten festgefahrenen Muster analysieren, um gemeinsam neue Wege und Sichtweisen zu entwickeln. Und dann stellt sich die Frage: Woran erkenne ich, dass ich selbst oder ein Klient einen neuen Weg gefunden hat? Oder lebt man nur alte Muster in veränderter Umgebung? Partnerwechsel zum Beispiel: ein altes Spiel in neuer und hoffnungsvollerer Besetzung? Vielleicht kann ich den Gedanken so verstehen: gehe den alten Weg bewusst, um den neuen entwickeln zu können. Die alten Pilgerwege sind von Menschen begangen worden, die für ihr Leben einen neuen Weg suchten. Diese alten Wege können die Kraft spenden, die man für neue Schritte braucht.

Auf einer Passhöhe steht ein gußeiserner Wasserspender, Nasone heißen ähnlich geformte in Rom. Das kühle frische Wasser ist natürlich kein Vergleich mit meinem mittlerweile lauwarm abgestandenem in der Flasche. Es macht mich wieder frisch und

lebendig, ich trinke Zug um Zug und fahre mir
mit nassen Händen durch Gesicht und Nacken.
Die Flasche befülle ich neu – Wasserkraft,
regenerierende Energie!

Die kleine Piazza in der Mitte einiger Dutzend
Häuser, die den Ort Sivizzano bilden, ist voller
brauner Blätter, als wäre schon Herbst. Die
Blätter fallen früh in diesem heißen Sommer.
Sozialer Mittelpunkt des Ortes ist die Bar,
davor sitzt jetzt am späten Nachmittag ein
halbes Dutzend Männer und eine Frau, einige
lebhaft redend, andere ruhen sich schweigend
aus, schauen auf die Piazza.
Ich setze mich mit einem Bier dazu und
genieße diese Zeit des Tages zwischen
Wandern und dem abendlichen Mahl.
Gegenüber liegt die Kirche des von den
Zisterziensern gegründeten und verlassenen

Klosters, heute die Pfarrkirche. Bis zu meiner Unterkunft sind es nur wenige Schritte, es ist noch Zeit und ich kann mich gelassen ausruhen.

Mit der Barista vereinbare ich, um acht im Restaurant der Bar zu essen und gehe dann zu meinem Quartier hinüber. Das Kloster ist zu einem Wohnhaus umgewidmet worden und die Pfarrei stellt Pilgern und Jugendgruppen einen Gewölbesaal mit etwa 20 Betten und eine sehr gut ausgestattete Küche zur Verfügung. An diesem Abend bin ich, wie öfter auf dieser Fußreise, der einzige Gast – einerseits komfortabel, ich muss mich mit niemandem arrangieren, kann aber auch mit niemandem Erfahrungen, Informationen und Geschichten austauschen.

Clara, ihre Stimme war die freundlich einladende am Telefon, zeigt mir Küche und Dusche und den etwas komplizierten Gebrauch des Schlüssels. Gezahlt wird wie immer vorab, diesmal nur 12 statt der üblichen 15 Euro. Die Differenz gebe ich in die Küchenkasse für einen Tee.

Auch im Restaurant bin ich allein. Im hinteren Teil der Bar liegt ein schmuckloser Mehrzweck-Saal, in dem die Dorfgemeinschaft sich treffen kann und in dem einige Tische eingedeckt sind. Die Wirtin fragt mich, ob sie den Fernseher einschalten soll, damit ich etwas Unterhaltung habe. Ich sage zunächst gewohnheitsmäßig nein und frage sie nach ihrer Meinung über die neue Regierung. Der neue Presidente del Consiglio sei der Mann ihres Vertrauens, erklärt sie, und hebt hervor, dass er 6 Sprachen spreche, ein welterfahrener Mann. Um die Gelegenheit zu nutzen, mich ins Italienische reinzuhören, schalte ich den Fernseher dann doch ein.

Die große Portion Grillfleisch des zweiten Ganges, nach einem bereits sättigenden Primo, schaffe ich nicht und entschuldige mich beim Koch, der abräumt. Wer viel läuft, muss viel essen, meint er... Stimmt zwar nicht, aber ich widerspreche der ermunternd gemeinten Bemerkung natürlich nicht. Da die Bar am Morgen, wenn ich losgehe, noch geschlossen ist, nehme ich für mein Frühstück ein Stück Kuchen mit.

Von Sivizzano über Bardone nach Berceto

Ab Sivizzano verläuft die Via Francigena noch einige Kilometer am Talboden entlang und folgt dem Flüsschen Sporzana, um dann nach Südwesten abzubiegen und an der Flanke des Monte Pinzeral in den Apennin zu steigen. Die kaum befahrene Nebenstraße führt durch den Ort Bardone, ein Namensüberbleibsel des Mons Langobardorum, dem Berg der Langobarden, die diesen Apeninnübergang erschlossen und genutzt haben. Die romanischen Pfarrkirchen der Bergdörfer auf dieser Etappe mit ihren steinernen Bildern und Symbolen markierten für den Pilger im Mittelalter den Wegverlauf. Mein Eindruck ist, dass diese Kirchen leider nur noch für Gottesdienste geöffnet werden, dem heutigen Pilger also in der Regel verschlossen bleiben.

Vor Berceto ist ein Pass von ca. 700m Höhe zu übersteigen, ein gutes Training für den Passo della Cisa. Von der Höhe fällt der Blick auf ein Dutzend hellbrauner Häuser, das Dorf Puilio, das auf einem seitlich vom Hauptstrang des Gebirgszuges abspringenden Vorsprung liegt – eine natürliche Festungslage, es gibt nur einen schmalen Zugang. Derartig geschlossene Ortsbilder ziehen mich immer magisch an, ich vermute in ihnen genau das: einen Zauber, vielleicht eine in sich geschlossene harmonische Welt, eine Utopie. Eine Utopie ist ein Ort, den es nicht gibt, aber wenn ich von weitem solche Orte wie Puilio sehe, glaube ich für einen Augenblick, dass es sie doch gibt.

Die Via Francigena führt am Ortseingang vorbei. Ich biege ab, in Richtung „Utopia", und steige durch die Hauptgasse zum Kirchplatz hoch, hoffend auf einen Cappuccino in der örtlichen Bar. Aber nicht einmal diese Mikro-Utopie erfüllt sich: in Puilio gibt es keine Bar, lohnt sich wohl nicht in diesem Bergdörfchen. Ein älterer Mann schaut von seiner Holzarbeit auf und grüßt freundlich. Ich fühle mich durchaus willkommen und genieße die Aussicht von dem kleinen Kirchplatz aus in die Berge.

Die Via Francigena läuft mehr oder weniger parallel zur Strada della Cisa 62, berührt sie gelegentlich für ein paar hundert Meter, um sich dann wieder durch das Unterholz der Steineichen und Kastanienwälder zu schlängeln. Es gibt kaum Verkehr und streckenweise nutze ich die Straße als Abkürzung und auch, um mir den ein oder anderen Höhenzug zu ersparen. Ich tue etwas Unsinniges, immerhin merke ich es noch: ich fange an, mit dem Weg zu hadern, dies ständige Auf und Ab ist ermüdend. Kaum ist ein Gebirgseinschnitt geschafft, taucht der nächste vor einem auf. Damit zu hadern ist natürlich ebenso sinnlos wie sich über Wechselfälle des Lebens zu beklagen; irgendwie kommt mir diese Etappe jetzt wie ein Bußweg vor und mir fallen Dinge ein, die ich lieber im Vergessen belassen würde... der Weg – ein Lehrmeister?

Berceto liegt in einem Talkessel und ist schon von weitem zu sehen. Der Abstieg in das Bergstädtchen mit seinen 2000 Einwohnern zieht sich. Der Pilgerweg führt durch den alten Ortskern, an dem romanischen Dom vorbei über das mittelalterliche Pflaster. Berceto ist auch Sommerfrische und Ausgangspunkt für Wanderungen im Apennin. Mir kommt ein großer Trupp polnischer Pfadfinder entgegen. Das Zentrum ist voller Bars und Pizzerien, jetzt am späten Nachmittag sind die Straßen belebt und viele Stühle vor den Bars besetzt. Ich schlendere an Menschengruppen vorbei, genieße für ein paar Minuten die Stille des romanischen Doms und breche dann in Richtung des Ostello dell Seminario auf, in dem ich unterzukommen hoffe, diesmal wieder unangemeldet.

Oft ist der Versuch vergeblich, sich im Lauf des Tages anzumelden. Man erreicht niemanden oder erhält Absagen, weil der Verantwortliche nicht über den Stand der Belegung informiert ist oder auch keine Lust hat, sich zu kümmern. Mein genereller Eindruck von verschiedenen Wanderungen seit 2010 ist auch, dass Orden und Pfarreien immer weniger bereit sind, Pilger aufzunehmen und an deren Stelle die Kommunen treten. Wenn diese Entwicklung sich fortsetzt, dann endet bald die kirchlich-religiöse Tradition der Beherbergung von Pilgern, kaum dass sie nach dem Mittelalter wieder aufgenommen wurde.

Auch in Berceto hätte ich vermutlich mit einer telefonischen Anmeldung kein Glück gehabt. Vor dem Toreingang im Schatten hoher Eichen sitzt eine ganze Reihe vorwiegend weiblicher Mitarbeiter des quasi zur Jugendherberge umgewandelten Priesterseminars und schaut Jugendlichen zu, die in dem weitläufigen Vorhof toben, Ball spielen und flirten. Ich grüße, frage in die Runde, ob ich im Ostello übernachten kann und blicke in freundliche aber skeptische Gesichter. Ein etwa 50jähriger Mann, einen halben Kopf größer als ich, scheint der „Herbergsvater" zu sein; er spricht kurz mit seiner Nachbarin. Ich erkläre noch schnell, dass ich natürlich einen Schlafsack habe und keine Bettwäsche benötige. Er winkt mir, ihm zu folgen und wir laufen durch schier endlose weißgekalkte Gänge. Ich bin erleichtert, dass ich mir nicht noch ein anderes Quartier suchen muss. Zu den weißen Korridoren bilden

Kommoden und kleine Tische aus dunklem Holz einen ernsten Kontrast.

Am Abend schlendere ich durch die noch sonnenwarmen Gassen des mittelalterlichen Ortskerns. Ein wirklich ansprechendes Restaurant finde ich nicht, auf Pizza habe ich keinen Appetit und beschließe, es einfach zu halten. In einer nur von Einheimischen besuchten Bar bestelle ich mir einen Toast und ein Bier und versuche, der im Dialekt geführten Unterhaltung zu folgen. Die älteren Gäste verstehe ich überhaupt nicht, den ungefähren Sinn der Unterhaltung kann ich aus den Bemerkungen eines jüngeren Gastes erschließen.

Von Berceto über den Passo della Cisa nach Pontremoli

Diese Etappe von über 30 Kilometern, mit dem Aufstieg auf den Monte Valoria, dem dann folgenden Abstieg zum Passo della Cisa und dann tief hinunter bis Pontremoli, ist eine der anstrengendsten auf dem Weg nach Rom.

Der Weg über den Monte Valoria wird von der SloWays App nur als Variante angeboten und für das herrliche Panorama gelobt. Auf diesen Ausblick wollte ich zunächst verzichten, die Variante bedeutet 200 Höhenmeter zusätzlich. Aber ein genauer Blick auf die Karte zeigt, dass der Standardweg über weite Strecken am Rande der Passstraße SS62 verläuft. An verkehrsarmen Wochentagen mag das angehen, der Alltagsverkehr nutzt den Autobahntunnel, aber am Wochenende gehört die Passstraße den Motorradfahrern.

Vom Monte Valoria geht der Blick über Wiesen und Wälder im Vordergrund hinweg über die grüngrauen Hügelketten des toskanischen Apennins bis hin zu den Apuanischen Alpen. Auch im Hochsommer ist es auf 1200m Höhe kühl und die „gefühlte Temperatur" wird durch den über den Kamm wehenden Wind um weitere Grade abgesenkt.

Schwindelfrei sollte man auch sein und ich bin
froh, dass ich nach einigen Hundert Metern auf
dem Grat über die windgeschützte Flanke des
Berges absteigen kann zum Pass.

Die Passstrasse wird an diesem
Samstagmorgen in der Tat von den Bikern
dominiert. Drei Dutzend Maschinen stehen
vor der Bar des Passo della Cisa (1036m). Nach
drei Stunden Wandern ist der erste Cappucino
am späten Vormittag ein Genuss, ebenso wie
das erste Glas Bier oder Wein am Abend. Mir
fällt dabei auf: der morgendliche Kaffee als
Einstieg in den (Wander-)Tag ist nicht so
unvermeidlich wie ich bisher angenommen
hatte…Gewohnheiten und Rituale sind schön,
können aber auch ohne Probleme mal
ausfallen, das erhöht die „Freiheitsgrade" beim
Wandern wie im Leben.

Von der Passhöhe geht es streckenweise sehr steil hinunter nach Pontremoli. Der Abstieg um ca. 800 Höhenmeter ist an sich nicht viel, findet aber vor allem im mittleren Teil des Weges statt, auf alten Eselswegen, die unangenehm zu gehen sind, jedenfalls für Nicht-Esel: der Belag sind kleine Feldsteine von wenigen Zentimetern Durchmesser, die lose liegen. Man kommt leicht ins Rutschen und es ermüdet, ständig das eigene Gewicht auszubalancieren und darauf achten zu müssen, dass man nicht fällt. Die Via Francigena führt durch einige Bergdörfer und zwischen den Bruchsteinhäusern auf einer befestigten Straße laufen zu können, ist erholsam. Frauen waschen Hemden in den steinernen Trögen am Dorfbrunnen, Männer sprechen mich an und fragen, woher ich komme. Wohin ich will, ist immer klar: Vai a Roma?

Die Landstraße im Tal der Magra ist am Samstagnachmittag nicht allzu befahren. Der Pilgerweg wird über einen Höhenzug südlich des Magra geführt, über einen weiteren Pass. In der Bar von Molinello, an einer Wegkreuzung, beschließe ich bei einem Bier, dass ich mich für diesen Tag zur Genüge angestrengt habe. Zudem dürfte der bequemere Weg durch das Tal der alte

Pilgerweg sein, und den möchte ich nutzen, wo immer dies möglich ist. Der Seitenstreifen ist breit genug, um die restlichen Kilometer ungefährdet zu laufen.

Am Ortseingang von Pontremoli steht das ehemalige Krankenhaus der Stadt, ein vermutlich um die vorige Jahrhundertwende errichteter Bau. Einige Scheiben sind zerschlagen, Eingangstüren verbrettert –im Inneren sicher mehr noch als von außen ein Motiv für Fotografen, die „Lost Places" suchen. Verlassene und verlorene Häuser sind Denkmäler der Endlichkeit, mehr noch als Friedhöfe.

In Pontremoli fließen die Gebirgsflüsse Magra und Verde zusammen, das Stadtzentrum liegt zwischen beiden und nach beiden Ufern führen je zwei Brücken. Die mögen früher mal nicht so stabil gewesen sein wie heute, der Name der Stadt bedeutet etwa „zitternde Brücke".
Dieses Umflossen-Sein gibt der Stadtmitte etwas Intimes, gut passend zu der abendlichen Atmosphäre, den kleinen flanierenden Gruppen und den gut besuchten Straßencafes, in denen am frühen Abend der Aperitif genommen wird.

Im Kloster der Kapuziner, am anderen Ufer der Magra, werde ich freundlich empfangen und bekomme eine ehemalige Klosterzelle zugewiesen, jetzt ein Einzelzimmer. Die Kapuziner haben das Kloster vor einigen Jahren verlassen, ein Schicksal vieler Häuser. Geführt wird das Kloster jetzt von einem Bürgerverein, der das große Gebäude als Unterkunft für Pilger und Wanderer erhalten will.

Nach der abendlichen Dusche, die die Anstrengung des Tages hinwegspült, flaniere ich ohne Rucksack und mit leichten Schuhen durch die Gassen und über die Plätze von Pontremoli: ein Gefühl, wie das Anspannen und Lösen von Muskeln. Dieser tägliche Wechsel macht einen Gutteil der Faszination des Pilgerns aus.

Ich suche eine einfache Trattoria, finde aber nur Pizzerien und gehobene Ristoranti. Auf Pizza habe ich schon lange keinen Appetit mehr, und wenn ich allein esse, habe ich auch keine Lust, viel Geld auszugeben. Vor der Brücke zum westlichen Ufer des Verde weist ein Schild hinunter zu einem Kellergewölbe „Burger&Birra Artiginale". Ich verabschiede mich von meinem Trattoria-Traum, steige die Treppe hinunter und setze mich an die lange

Esstheke. Das Gewölbe ist voller jugendlicher Italiener, die diese „Location" anscheinend cooler finden als die traditionellen Pizzerien. Zur Coolness gehört auch, seine Aufmerksamkeit nicht der Freundin, sondern dem Smartphone zu schenken. Die Mädchen lassen sich das allerdings auch gefallen und revanchieren sich ihrerseits durch Desinteresse an ihren männlichen Begleitern.

Generell gilt übrigens, dass in Italien der Weinkonsum seit Jahren zugunsten des Bieres zurückgeht. Speziell blüht die Kultur der Birra Artigianale, also der lokal gebrauten Spezialitäten, neben den klassischen Marken wie Birra Morretti, Birra Peroni etc. Die Fläschchen kosten allerdings oft das Doppelte. In der „Caverna dei Nani" - von einem Weinkeller ist dieses Felsgewölbe in einen Bierkeller umgewidmet worden - wird natürlich frisch gezapft. Ich sitze hinter glänzend polierten Messinghähnen mit fünf verschiedenen Sorten des Hausbieres und probiere zwei davon. Es sind eher mild- würzige Biere, sie schmecken ausgezeichnet (sind zur Speisebegleitung allerdings nicht so geeignet, wenn man herbe Biere gewohnt ist). Der sympathische Wirt erzählt, wie aus der Hobby-Brauerei mit Freunden dann dieses Lokal „Caverna dei Nani – Der Keller der

Zwerge" entstanden ist. Dass dieses Ambiente und das frische Bier den Geschmack der Jugend von Pontremoli trifft, sehe ich.

V.   Die Lunigiana

Von Pontremoli durch die Lunigiana
nach Aulla

Sonntage haben etwas Besonderes, eine andere
Atmosphäre. Mir kommt eine Bemerkung von
Martin Walser in den Sinn, dass diese
Atmosphäre auch ein Atheist oder
kirchenferner Mensch verspürt, es also nicht
ein nur religiöses Gefühl ist. Ich verlasse das
Kloster der Kapuziner und Pontremoli an
einem sonnendurchfluteten Sonntagmorgen
in Richtung Südwesten auf der Via Camillo
Benso di Cavour, benannt nach dem ersten
Ministerpräsidenten der 1861 ausgerufenen
Republik Italien. Ihre Viale Cavour hat jede
italienische Stadt, hier lese ich zum ersten Mal
den vollen Namen dieses Politikers. Die
schmale Straße zwischen den ockerfarbenen
Häusern ist an diesem frühen Sonntagmorgen
menschenleer.

Aber das Portal von San Pietro de Conflentu
steht schon offen, im Inneren schmückt ein
Paar den Altar für den Gottesdienst. Sie
winken mich freundlich herein, für mich ein
Glücksfall. In San Pietro in Pontremoli
befindet sich ein in eine Sandsteinplatte

eingraviertes   Labyrinth   aus   dem   12.
Jahrhundert.

Im Zentrum des Labyrinths ist das Kreuz und
das JHS, der Namen Jesu: für den Pilger im
Mittelalter Symbol des Heils und der Orte, an
denen er Gott besonders nahe sein konnte,
Rom, Jerusalem, Santiago di Compostella. Mit
den Augen verfolge ich den Weg zu diesem

Zentrum. Ein Weg führt direkt darauf zu, endet aber an der Wand um das Zentrum. Mein Blick geht zurück und verliert sich in den Windungen. Ein direkter Weg führt nicht zum Ziel, und ich schaue noch einmal genau auf das Zentrum: das Zentrum mit dem Kreuz und dem Namen Jesu hat gar keinen Zugang, es ist verschlossen.

Am Ortsausgang, gegenüber einem mächtigen Klostergebäude, steht eine Osteria mit dem Namen „Quel che passa il convento – was auch immer das Kloster anbietet, die italienische Version unseres „gegessen wird was auf den Tisch kommt." Metaphorisch: nimm an, was das Leben bietet oder beschert. Ich überfliege neugierig die Speisekarte und hätte gern probiert, was der Konvent so auf den Tisch stellt, aber natürlich nicht am frühen Morgen.

Das Tal der Magra weitet sich hier, mit dem Fluß geht es sacht hinunter zur Küste des Tyrrhenischen Meeres, hinunter zu der Hafenstadt, die diesem Flusstal und den es begrenzenden Bergketten den Namen Lunigiana gegeben hat. Die freigelegten Grundmauern des römischen Hafens Luni liegen mittlerweile 2 Kilometer von der Küste entfernt. Die Magra-Mündung versandet seit der Antike, stehende Brackseen und Malaria waren die Folge. Luni wurde aufgegeben.

Die Italiener sind begeisterte Radfahrer. Immer wieder begegnen mir an diesem Sonntagvormittag Pulks von Rennradfahrern, begleitet von Polizeifahrzeugen, die die Straße für den übrigen Verkehr sperren. Zuschauer gibt es allerdings kaum, diese sonntäglichen Rennen finden regelmäßig statt.

Die Landschaft wirkt hier wie ein großer Park. Zwischen weit verstreuten Villen liegen Kleefelder und großzügige Pferdekoppeln, stehen Apfelbäume und Weinstöcke – helles Grün und kräftig dunkles, staubiges Graubraun und alles begrenzt durch das in der

Ferne leuchtende Felsgrau der Apuanischen Alpen.

Kurz vor Filattiera liegt die Pieve di Santo Stefano. Pieve kann man mit Kirchsprengel übersetzen, also eine Form der Gemeindeorganisation, die auch weltlich-administrative Aufgaben hatte. Zentrum dieser Pieve ist die dreischiffige romanische Basilika aus dem 12. Jahrhundert, erbaut aus Flusssteinen des Magra, umgeben von einem Friedhof. Ich freue mich darauf, in der Kühle des Gotteshauses eine halbe Stunde auszuruhen, die Mittagshitze zu überstehen und die besondere Atmosphäre romanischer Kirchen auf mich wirken zu lassen.

Aber die Tür ist verschlossen, und das an einem Sonntagmittag. Ein junger Mann kommt vorbei, er ist Angestellter eines Dokumentationszentrums der Gemeinde, oberhalb der Kirche. Er zuckt bedauernd die Achseln: es hat einen Diebstahl gegeben, und der Pfarrer öffnet die Kirche seitdem nur noch für den einzigen Gottesdienst am Sonntagabend. Sie hätten sich bereits an den Bischof gewandt und ihn bedrängt, die Kirche wieder zu öffnen. Auch Sicherungsmaßnahmen seien vorgeschlagen worden, aber bisher alles ohne Erfolg. Wir sind uns einig in unserem Ärger, dass hier ein 800 Jahre altes Kulturgut wie eine Privatangelegenheit, und sei es auch eine der Kirche, behandelt wird. Dem kunsthistorisch Interessierten, dem Gläubigen und dem Pilger bleibt dieses Gotteshaus verschlossen, es sei denn, er ist zufällig zur Messe am Sonntagabend dort.

Die Hitze ist anstrengend und in Filattiera nehme ich bis Aulla die Regionalbahn. Bettinas Buch über „Himmlische Reisen" entnehme ich, dass ich die sogenannte Chiesaccia bei Fornoli verpasse, eine mittelalterliche kleine Pilgerkirche mit einem Hospital, idyllisch am Fluss gelegen, seit Jahrhunderten verlassen, aber dank mehreren Restaurationen gut erhalten.

Aulla ist 1944 durch Bomber der Alliierten weitgehend zerstört worden. Der Stadt wurde ihre strategisch günstige Lage in dieser Verengung des Magratales zum Verhängnis. Der Neuaufbau ist von moderner Langeweile, nicht durchweg hässlich, aber kein Vergleich zu den vielen italienischen Städten mit einem historischen Kern. Aulla ist das Industrie- und Handelszentrum der Lunigiana, durchzogen von breiten Alleen und umgeben von großflächigen Gewerbegebieten. Der Pilger

wendet sich an die Abtei des Heiligen
Caprasio, gelegen neben der Brücke über die
Magra. Auch die Abtei ist im Krieg schwer
beschädigt worden. Sie stand 2011 einen Meter
hoch unter Schlamm und Wasser, als die
Magra nach Unwettern weit über die Ufer trat
und das Stadtzentrum von Aulla
überschwemmte.

In der restaurierten Abtei wird der Pilger von
zwei Schwestern sehr herzlich empfangen,
ehrenamtlichen Mitarbeiterinnen der Pfarrei.
Ich nehme dankbar das angebotene
Mineralwasser und Obst an. Auf die
Registrierung muss ich ein wenig warten, der
Pfarrer kommt gleich, versichern die beiden...
als ob ich es eilig hätte. Neben dem Büro gibt
es ein kleines Pilgermuseum, in dem die Figur
eines mittelalterlichen Pilgers nachgebildet ist.
Die Kleidung macht einen durchaus
zweckmäßigen Eindruck: der weite Umhang,
der breitkrempige Hut, der lange
Wanderstock. Froh bin ich allerdings über
meine modernen Schuhe, verschnürten
Lappen traue ich nicht viel zu; mein Rucksack
ist sicher angenehmer zu tragen als die seitlich
hängende Ledertasche.

Nach der Registrierung fragt der Pfarrer mich
und zwei Mitpilger, ob er uns durch die Abtei

führen solle. Wir nehmen gerne an, es wäre schon sehr seltsam, für das Haus unseres Gastgebers kein Interesse zu zeigen. In der Apsis der heutigen Kirche aus dem 11. Jahrhundert sind die Fundamente zweier Vorgängerkirchen freigelegt. Wir sehen die Grundmauern der Kirchen aus dem 8. und aus dem 9. Jahrhundert. Mit der Erweiterung im 9. Jahrhundert wurde auch das Grab des Heiligen Caprasio verlegt und im Jahr 2003 wiedergefunden. Der Sarkophag ist offen, die Reliquien sind in der Kirche ausgestellt. Bei der Restaurierung wurde auch eine englische 500-Kilo Bombe gefunden. Über der Bombe ist 60 Jahre lang die Messe gelesen worden, meint der Pfarrer. Er schaut skeptisch nach oben – „es waren unsere Freunde, die uns bombardiert haben".

Die Unterkunft ist einige Schritte entfernt von der Pfarrei, drei Räume mit etwa einem Dutzend Schlafplätzen. Zwei deutsche Studentinnen aus Freiburg erzählen, dass sie per Anhalter nach Frankreich reisen wollten, aber dann im Aostatal gelandet sind. Dass es so etwas wie Pilgerwege gibt, hätten sie gar nicht gewusst, ein Pilger hat den beiden von seiner Reise erzählt. Die Idee habe ihnen gefallen und jetzt pilgerten sie eben auch. Allerdings hätten sie keinen Pilgerpass, aber sie seien auch ohne

Credenziale hier sehr freundlich aufgenommen worden. Viele ihrer Altersgenossen und Kommilitonen würden so konventionell reisen, meinen sie, Pauschalurlaube und so... In der letzten Nacht haben sie wild gezeltet, weil ihnen der Weg nach Aulla zu lang wurde, jedenfalls sympathisch unkonventionell die beiden.

Von Aulla dem Canale Lunense folgend bis nach Massa

Der klassische Verlauf der Via Francigena, wie er im Itinerar des Erzbischofs Sigerico von Canterbury aus dem 10. Jahrhundert verzeichnet ist, führt von Aulla über Santo Stefano di Magra bis nach Massa. Gegenwärtig verläuft die Via Francigena über eine den apuanischen Alpen vorgelagerte Bergkette des toskanischen Apennin, um die viel befahrene SS62 zu vermeiden. Ich nutze gern den klassischen Weg und laufe durch das Magra-Tal, das hinter Aulla wieder eng wird. Für einen Wanderweg ist zwischen Berg und Fluss kein Raum, es bleibt nur der Seitenstreifen der SS 62, die auch hier noch Strada della Cisa heißt. Der Seitenstreifen ist schmal, streckenweise gibt es ihn nicht und der lebhafte morgendliche Verkehr verlangt für einige Kilometer höchste Konzentration. Da entschädigen einen auch die schönen Ausblicke ins Magra-Tal nicht. Wer diesen Weg wählt, sollte zwischen Aulla und Santo Stefano unbedingt den Bus nehmen. Im Nachhinein fällt mir auf, dass es anscheinend eine stillgelegte Bahnstrecke zwischen den beiden Orten gibt, einst die Trasse der Ferrovia Pontremolese. Vielleicht eignet sich diese Trasse für Wanderer und Radfahrer. Beispiele für solche Umnutzungen gibt es in Ligurien.

Ich atme erleichtert auf, als ich bei der Brücke auf der Höhe des Ortes Caprigliola ankomme. Die Brücke hat übrigens am 8.April 2020 das gleiche Schicksal erlitten wie die Ponte Morandi bei Genua: sie ist eingestürzt. Glücklicherweise gab es keine Todesopfer, nur einen Verletzten. Geschuldet war dies dem geringen Verkehr am späten Vormittag, eingeschränkt durch Fahrverbote wegen der Corona-Virus Epidemie.

Das Tal öffnet sich hier und ein sandiger Pfad führt an Gemüsegärten vorbei entlang des Flusses. Nach der gefährlichen Enge der Landstraße ist die Ruhe und der weite Blick auf das vor mir in der Morgensonne aufsteigende Santo Stefano di Magra eine Erlösung. Hier beginnt der Canale Lunense, der Wasser aus der Magra entnimmt, bis Sarzana leitet und aus dem die Gemüse- und Getreidefelder in der Ebene der Lunigiana bewässert werden. Neben dem 23 km langen Kanal läuft ein Weg für Fußgänger und Radfahrer. Es ist wohl geplant, die Via Francigena auch offiziell hier entlang zu führen; gegenwärtig läuft sie über Ponzano Superiore direkt nach Sarzana.

Bevor ich in diesen Weg einsteige, besorge ich mir Proviant in einem kleinen Gemüseladen am Ortsausgang. In diesen kleinen, familiären Geschäften wird man bedient. Mit der Verkäuferin komme ich ins Gespräch und es entsteht eine merkwürdig vertraute Atmosphäre zwischen uns. Wir wechseln einen Blick, als ob wir uns gut kennen würden. Es wäre allerdings aus einem anderen Leben. Fast verlegen stolpere ich mit meinem Einkauf nach draußen, zu meinem Rucksack. Nun, ich lebe in diesem Leben und freue mich, mit meiner Frau in gut zwei Wochen unser Wiedersehen feiern zu können. Dennoch: es war ein Moment und eine Begegnung, die ich nicht vergesse. Es war kein Flirt, nicht nur die erotische Anziehung einer attraktiven Frau, es kam von weiter her. Es war wie ein Einverständnis, ohne zu wissen, womit...

Der Weg am Kanal entlang ist einfach und
erholsam. Der Bau des Canale Lunense wurde
nach Jahrzehnten der Planung 1881 begonnen
und erst in den 30er Jahren unter dem
Faschismus vollendet. Den Kanal säumen zu
beiden Seiten blühende Stauden, überall ist
üppiges Grün. Mittelgroße Fische zappeln vor
einem Wehr gegen den Strom. Eine sinnlose
Anstrengung, über das Wehr kommen sie
nicht. Ich frage einen neben mir ins Wasser
schauenden Anwohner, ob fischen hier erlaubt
sei. Eigentlich nicht, schmunzelt er, aber er
würde es bei Dunkelheit schon tun.

Dank des bequemen und direkten Weges bin
ich schon um die Mittagszeit in Sarzana, dem

Bischofssitz und kulturellem Zentrum der Lunigiana, seit die römische Hafenstadt Luni im Mittelalter aufgegeben wurde. Ich erinnere mich an eine frühere Wanderung zusammen mit Bettina auf der Via Francigena, bei der wir in der Pfarrei der Chiesa di San Francesco herzlich empfangen und in den Genuss der „ospitalita povera" der Gemeinde gekommen sind: eine Matratze, keine Dusche, aber eine Einladung des Pfarrers, in einer nahen Trattoria auf seine Kosten zu Abend zu essen. Es war uns nicht recht, das Budget der Gemeinde damit zu belasten, aber wir konnten diese liebenswürdige Geste nicht einfach ablehnen. So haben wir dann die Trattoria gebeten, nur je eine Pasta und ein Viertel Wein auf die Rechnung für den gastfreundlichen Pfarrer zu setzen und haben Secondo, Dolce und ein weiteres Viertel plus Espresso selbst bezahlt.

Ich bin an einem Punkt meiner Wanderung, wo ich mich treiben lasse und nur kurzfristig plane. Sarzana ist eine anscheinend wohlhabende Kleinstadt, voller Paläste aus dem 17. bis 19. Jahrhundert. Die strategisch günstige Lage am Eingang des Magra-Tales mit der Verbindung über den Cisa-Pass in die Emilia und die Po-Ebene und die Funktion als Marktplatz dürften die Grundlage für den

Reichtum von Familien wie Neri, Parentucelli, Buonaparte et alii gewesen sein. Aber die gediegene Schönheit spricht mich im Moment nicht an und ich telefoniere mit einer Gemeinde in der Marmorindustrie-Stadt Massa, südlich von Carrara. Ce posto, wir haben Platz, höre ich eine freundliche Stimme und beschließe, dort zu übernachten.

VI. Die Versilia

Von Massa entlang der Küste bis Camaiore

Der markierte Weg der Via Francigena führt hier am Fuß der Apuanischen Alpen entlang, durch das Auf und Ab tief eingeschnittener Täler und vorbei an den Randgebieten der Küstenortschaften- keine sonderlich attraktive Strecke. Ich möchte die Nähe des Meeres nutzen, will es sehen, hören und riechen. Hier ist dafür die einzige Gelegenheit auf dem Weg nach Rom, und so nehme ich einige zusätzliche Kilometer in Kauf. Am Brunnen des kleinen Kirchplatzes fülle ich zwei Wasserflaschen auf und gehe im grau-diffusen Morgenlicht durch die Industrielandschaft der Marmorverarbeitungsbetriebe hinunter zur Küste. Riesige Marmorblöcke liegen auf den Firmengeländen von z.B. Bufalini Marmi, die Kräne darüber bewegen sich um diese Zeit noch nicht.

Auf der Promenade laufe ich von Marina di Massa bis Marina di Pietrasanta, ca. 12 km. Der Charakter der Promenade verändert sich von Norden nach Süden: bei Marina di Massa im Norden ist die Atmosphäre eher kirmesartig, viel Publikum in Trainingsanzügen, einfache Pizzerien und endlose Ferienblocks aus den 30er Jahren mit erstaunlich modernen Fassaden, verlassen und die Scheiben in den unteren Stockwerken oft eingeschlagen. Auf einem der Blocks noch der verwitterte Schriftzug Olivetti – die großen Firmen und die Organisationen des Faschismus haben in den 20er und 30er Jahren vielen Italienern Ferien am Meer ermöglicht - Brot und Spiele, um die Menschen ideologisch zu binden.

Richtung Marina di Pietrasanta, nach Süden zu, ändert sich die Promenade: statt Campingplätzen und Kirmesattraktionen gibt es jetzt Bagni, die auf ihrem Strandabschnitt Liegen und Sonnenschirme anbieten, immer verbunden mit einem Restaurant, davor Parkplätze mit Oberklasse Autos. Stunde um Stunde rechts Bagni und links Pinienhaine zu sehen, ermüdet. Alles erscheint immer ähnlicher, selbst die Badetouristen, viele etwas unsicher auf ihren Leihfahrrädern. Da sich die Umgebung kaum ändert, habe ich die Empfindung, auf der Stelle zu treten.

Von der Küste in die Berge nach Pietrasanta nehme ich den Bus. Dem Fahrer biete ich mangels Kleingeld einen 10€ Schein an. Er winkt mich durch, ich unterstelle, dass er nicht wechseln kann und melde mich nach zwei drei Haltestellen noch einmal, werde aber wiederum mein Geld nicht los. Eine Dame neben mir hat auch keine Erklärung, und schenkt mir für alle Fälle ihren Fahrschein, als sie aussteigt.

Pietrasanta ist die Hauptstadt der kunstvollen Marmorbearbeitung. Auf den öffentlichen Plätzen stehen kolossale Marmorstatuen oder auch Köpfe, wie vor dem Dom. Angeblich hat die Stadt die höchste Dichte von Galerien in Italien, eine auf 1200 Einwohner. Ich schaue durch ein Gitter in den Innenhof einer dieser Galerien, in dem Dutzende Marmorstatuen stehen. Da findet sich ein lebensgroßer John F.Kennedy neben Papst Johannes XXIII. Ich erinnere mich, bei einem Besuch vor Jahren beide schon einmal in dieser Ausstellung gesehen zu haben...Figuren aus einer anderen Zeit, und mittlerweile anscheinend unverkäuflich.

Camaiore erreiche ich am Abend des 14. August, also am Vorabend des Feiertages Ferragosto, ein Feiertag mit antiken Wurzeln. Der Name leitet sich ab von Feriae Augusti, eingeführt vom Kaiser Augustus 14.v.Chr. Der Feiertag sollte das Ende der harten, sommerlichen Arbeiten in der Landwirtschaft markieren. Der Faschismus entwickelte dann in den 20er Jahren Ferragosto zu einem nationalen Feiertag. Es gab verbilligte Zugtickets, um auch ärmeren Familien Ausflüge ans Meer zu ermöglichen – sozusagen die italienische Variante von KdF (Kraft durch Freude) des Nationalsozialismus.

Ich übernachte in der Badia di Camaiore, einem ehemaligen Klostergebäude am Rande der Stadt. Verwaltet wird die Unterkunft von der Gemeinde, der Empfang ist wie das vorhergehende Telefonat sehr herzlich, die Räume großzügig und blitzsauber. Der Schlafsaal ist vollbesetzt, Grund ist der Feiertag.

In Camaiore findet an den Tagen um
Ferragosto traditionell ein großer Markt statt,
die Gassen sind voller Gedränge und
Geschiebe und Gerufe. Ich bleibe an einem
Stand mit Vintage-Rennrädern stehen, also
Räder der 70er und 80er Jahre. Als Besitzer
eines Raleigh-Rades aus dieser Zeit interessiert
mich, ob ich damit an der L`Eroica teilnehmen
könnte. Dieses nostalgische radtouristische
Ereignis findet seit 1997 in der Provinz Siena
statt, auf den weißen Schotterstrasen der
Toskana, jeweils am ersten Sonntag im
Oktober. Teilnehmen kann, wer ein Rennrad
aus den 70er bis 80er Jahren fährt. L'Eroica ist
mittlerweile eine populäre
Massenveranstaltung geworden. Die Zahl der
Fahrer musste durch die Organisatoren auf
7000 beschränkt werden. Auch der Besitzer des
Standes ist Rad-Enthusiast und führt mir einige
seltene Stücke vor. Ich beschreibe ihm mein

Rad und er meint, das müsse passen. Allerdings müsste ich wohl den Kunststoff-Sattel erneuern bzw. in einen Brooks-Ledersattel „eraltern".

Die Menge trägt mich bis zum Vorplatz des Domes. Dessen Türen stehen weit offen und der Gesang der Gemeinde wie die Predigt schallen nach draußen und vermischen sich mit den Rufen der Losverkäufer und den weltlichen Gesprächen auf der Piazza. Ich nehme am Gottesdienst teil und stelle fest, dass der Lärm von draußen auch durch das offene Portal in die hinteren Reihen des Domes dringt. So vermischt sich das kirchliche mit dem weltlichen Treiben und niemand stört sich daran.

VII.   In der Toskana

Von Camaiore
nach Lucca

Der Weg nach Lucca führt durch dichte
Laubwälder über den Pass des Monte Magno.
Der Pass ist nicht hoch, aber der Weg durch
den Wald kürzt konsequent die Serpentinen
der Strada Provinziale 1 ab und ist
entsprechend steil, mitunter auch glitschig.
Nach der Luccheser Seite hin fällt der
Gebirgszug sanft ab und der Weg führt über
weite Strecken entlang der SP1. Die Straße ist
breit und nicht sehr befahren, so ist der Weg
zwar nicht schön aber ungefährlich. In
Valpromaro, etwa auf halbem Weg nach
Lucca, liegt die Casa del Pellegrino. Das Haus
stellt die Gemeinde zur Verfügung, betreut
wird es ehrenamtlich von verschiedenen
Organisationen, die sich abwechseln. Die Casa
kann auch als Herberge für die Nacht dienen,
aber für mich ist sie jetzt willkommene
Raststation um die Mittagszeit. An Ferragosto
ist das Haus gut besucht und ich genieße die
lebhafte und unkomplizierte Stimmung unter
Pilgern, Wanderern und Radtouristen. Und
über Getränke und Gebäck hinaus bekomme
ich noch einen freundlichen Service: die

Ospitaliera ruft bei meinem nächsten Quartier an und reserviert ein Bett für mich.

Hinter Valpromaro verlässt die Via Francigena die SP1 und es geht auf Nebenstrassen durch das Contesora-Tal hinunter bis zum Serchio. Bei Ponte San Pietro überquert man den Fluss und kann dann auf dem Damm längs des Serchio bis nach Lucca gehen. Hinter der Brücke treffe ich auf einige Mitpilger. Wir kennen uns mittlerweile, wir laufen in etwa dem gleichen Rhythmus und kommen mal früher, mal später im gleichen Quartier an. Auch Letizia aus Ivrea, eine durchtrainierte Marathonläuferin, ist dabei. Und sie gibt dann auch das Tempo der Gruppe nach Lucca vor – für mich eigentlich zu schnell. Ich nehme es für diesmal als sportliche Übung, sonst sollte man als Pilger bei seinem Tempo bleiben. Bei anderer Gelegenheit habe ich mit einer Überforderung schlechte Erfahrungen gemacht, meine Beine blieben tagelang geschwollen.

Wir betreten Lucca durch einen der engen geschlossenen Treppenaufstiege, die innerhalb der Festungsmauer hoch auf die breite, platanenbestandene Promenade des Festungswalles führen. So fällt der erste Blick von oben auf das alte Lucca und gleich auf eine Kirche.

Der Wall, der Lucca umgibt, ist vom 14. bis ins 16. Jahrhundert hinein etappenweise nach Kassenlage errichtet worden – die größte vollständig erhaltene Festungsanlage Europas, 12 Meter hoch, 30 breit und 4,2km lang. Ihr militärischer Nutzen lag in der Abschreckung, belagert wurde Lucca nie. Der zivile Nutzen lag und liegt in der Funktion als Damm, der vor den Fluten des Serchio schützt.

Der Wall umschließt und begrenzt das alte Lucca, die vorgelagerten Wiesen halten das neue Lucca in einem Abstand von fünfzig bis zu einigen hundert Metern. So ist der Übergang von der mittelalterlichen und der Renaissance Stadt zur modernen Peripherie nicht fließend. Die Zeitalter sind klar getrennt. Ein Museum ist Lucca aber keineswegs. Die Altstadt besteht nicht nur aus Palästen und

Kirchen, der durch die Festungsmauern begrenzte Raum ist auch gut genutzter Raum zum Wohnen und Leben.

Am deutlichsten wird das vielleicht auf der Piazza dell' Anfiteatro: die ihn einfassende Wohnbebauung ruht auf antiken Fundamenten, der ellipsenförmige Grundriss geht auf ein römisches Theater zurück. Im Mittelalter wurde der Platz kleinteilig genutzt und war wohl ziemlich verbaut. Erst im 19.Jahrhundert wurde die Piazza geräumt, es entstand die jetzige freie Fläche mit der sie umschließenden und begrenzenden Wohnbebauung.

In den engen Gassen der Innenstadt arrangieren sich Autos, Roller, Fahrräder und Fußgänger, wobei in Lucca wie in vielen norditalienischen Städten sich die Gewichte allmählich zugunsten der Fußgänger und Radfahrer verschieben. Hinter den Festungsmauern hat sich in dieser nie eroberten Stadt ein gediegenes Bürgerleben entwickelt. Viele traditionsreiche Geschäfte wie Juweliere und Stoffwerkstätten, Kaffeehäuser und Apotheken haben Ladeninschriften und Auslagen, die man genussvoll betrachten kann, zumal wenn man nichts kaufen will und auf Preise gar nicht achten muss.

Lucca war im Mittelalter eine bedeutende Station auf dem Weg nach Rom. Es soll damals rund 300 Kirchen in der Stadt gegeben haben, heute sind es immer noch nahezu 100. Die Basilika San Frediano ist eine der ältesten. Sie wird 685 erstmals urkundlich erwähnt als Basilika der Langobarden. Im 12. Jahrhundert gingen von hier aus unter Bischof Anselm von Lucca wichtige Impulse zu den gregorianischen Reformen aus, die der libertas ecclesiae, der Befreiung der Kirche von weltlichen Herrschaftsansprüchen, und der Wiederherstellung eines frommen, kirchlichen Lebens dienen sollten. Heftig kritisiert wurde die Praxis der Simonie, des Verkaufs von Kirchenämtern.

Die Romanik des Inneren von S.Frediano ist von wohltuender Klarheit und Schlichtheit. Wie lässt es sich erklären, dass der Ausdruck dieser frühen Epoche unserem Stilempfinden näher ist als vieles, das architektonisch danach kam? Barocke Pracht sollte auf Erden die Idee der himmlischen Seligkeit entfalten. Und auch die hochwölbende Gotik wollte den Himmel schon auf Erden architektonisch darstellen. Die romanische Kirche verstand sich eher als Abbild eines in sich ruhenden Kosmos, als ein Raum, in dem der Gläubige Schutz und

Geborgenheit finden konnte. Ist es das, was
wir suchen?

Von den zahlreichen Seitenkapellen liest man
in Reiseführern gelegentlich, sie seien dem Bau
später hinzugefügt worden. Tatsächlich war
die Basilika fünfschiffig und die beiden
Außenschiffe sind in Kapellen umgewandelt
worden. Die Säulen im Inneren stammen von
römischen Tempeln – so nutzt und integriert
eine Religion klug die Hinterlassenschaft ihrer
Vorgänger, das Gegenteil fanatischer
Auslöschungsorgien.

Das Mosaik im Giebel der Steinfassade wird
nachts angestrahlt und scheint dann über der
Piazza S.Frediano zu schweben. Wir sitzen zu
einigen Pilgern am Abend auf der Piazza,
trinken noch ein Glas Wein und genießen
dieses Bild, bevor wir uns in unser Ostello
begeben. Es liegt gleich um die Ecke,
untergebracht in einem der alten Luccheser
Paläste. Das Foyer würde, was die
Geräumigkeit anbelangt, auch zu einem Fünf
Sterne Hotel passen, die Einrichtung ist
natürlich schlichter. Wir bedanken uns beim
Portier, der uns bei der Ankunft eine Trattoria
empfohlen hat, in der wir am Abend gut
gegessen haben. Es empfiehlt sich immer, in
den Quartieren nach einer Empfehlung für das

Abendessen zu fragen. Oft sind Verabredungen getroffen, die es Pilgern ermöglichen, zu einem günstigen Preis die letzte und in der Regel ja auch einzige vollständige Mahlzeit des Tages einzunehmen.

In dem Ostello sind auch Schulklassen untergebracht und ab Mitternacht entsteht ein fröhlicher Lärm – höllisch allerdings, wenn man schlafen möchte. Glücklicherweise nimmt uns ein empörter, älterer Italiener, der wie wir auf dem Weg nach Rom ist, die unangenehme Aufgabe ab, für Ruhe zu sorgen. Er ist wirklich aufgebracht und agiert deutlicher und autoritärer, als ich mich dies getraut hätte – schließlich bin ich Gast in diesem Land und möchte nicht als teutonische Spaßbremse auftreten.

Am nächsten Morgen, bevor ich die Stadt verlasse, will ich noch einen Blick in den Dom werfen. Das Volto santo, Luccas berühmte Reliquie, ist allerdings nur an seinem Festtag, dem 13. September zu sehen. Das Volto Santo ist eine Darstellung des Gekreuzigten vermutlich aus dem 11.Jahrhundert, die Christus am Kreuz nicht als Leidenden, sondern in einer hoheitsvollen Stellung und mit einer Königskrone zeigt.

In der Vorhalle kehrt ein Kirchendiener und versperrt den Weg in das Innere mit der Begründung, dort werde die Früh-Messe gelesen. Ich erkläre, dass ich zu Beginn meines Pilgertages daran gerne teilnehmen würde. Der Mann schaut mich skeptisch aus dem Augenwinkel an, sieht den Rucksack und entscheidet nicht ganz zu Unrecht, dass die touristische Motivation die religiöse übersteigt. Der Dom bleibt für mich verschlossen. Damit endet der hochsommerliche erste Teil der Wanderung; ich unterbreche ungern, aber mehr als drei Wochen stehen mir leider nicht zur Verfügung. Ich fahre mit der Bahn nach Pisa, um von dort zurück zu fliegen, in meine erste Heimat.

In meine zweite Heimat Italien kehre ich im folgenden Frühjahr zurück. Den Weg von Lucca nach Rom gehe ich gemeinsam mit Bettina Dürr.
Wir haben uns vor Jahrzehnten beim Studium in Bologna kennengelernt. Bettina hat dort ihren Lebensgefährten gefunden und ist in Bologna geblieben. Sie weiß über Italien viel mehr als ich, ist Verfasserin zahlreicher Reiseführer und des schon zitierten Buches über die Via Francigena „Himmlische Reisen". Ich freue mich auf ihre Sicht: mit ihr zusammen sehe ich mehr und anderes, als wenn ich allein gehe. Verabredet haben wir uns an der Südpforte der Stadt, an der Porta Elisa. Zu den schönsten Erfahrungen im Leben gehört es, alte Freunde und Freundinnen nach langer Zeit wiederzusehen, sofort die alte Vertrautheit zu spüren und über alles zu reden, was einem so widerfahren ist.

Von Lucca durch die Lucchesia
nach Altopascio

Aus der Stadt hinaus geht es auf der Via Romana und der Straßenname zeigt an, dass wir auf dem richtigen Weg sind. Es ist nicht immer einfach, aus den Städten heraus den Einstieg in die Via Francigena zu finden.

Die Via Romana ist die direkte Verbindung nach Altopascio und eine dicht befahrene Strada Provinciale – unerträglich für Wanderer. Wir wechseln auf die in etwa parallel verlaufende Via Vecchia Romana, heute eine ruhige Nebenstraße und die antike Routenführung, wie der Name vermuten lässt. Er führt durch eine unspektakuläre, bäuerliche Landschaft - Rapsfelder, brachliegende Flurstücke, Wiesen und kleine Wälder werden nach Norden durch einen Höhenzug des Apennin begrenzt. Es geht jetzt von der Küste weg und auf dieser Etappe nahezu direkt nach Osten. Auch hier gilt wieder: es ist die Architektur, die die Landschaft italianisiert. Die architektonischen Perlen dieser Landschaft sind die Villen und Gärten, die sich die wohlhabenden Kaufleute Luccas ab dem 15. Jahrhundert im Stil des Luccheser Barock errichten ließen.

In einer unternehmungslustiger Stimmung kommen wir auf die Idee, einen Feldweg entlang der Bahnlinie nach Altopascio auszuprobieren und hoffen, damit einen sicheren und kurzen Weg zu gehen. Wenn die Zeit nicht knapp ist, kann man solche Experimente riskieren. Der Weg wird von Feld zu Feld schmaler und verliert sich am Ende in einem undurchdringlichen Gestrüpp. Vermutlich endet der Weg beim letzten Feld, das von dem hinter uns liegenden Dorf aus noch bewirtschaftet wird. Die alte Erfahrung, dass Abkürzungen Zeit kosten, hat sich wieder einmal bestätigt – diese hat uns vielleicht eine halbe Stunde aufgehalten, was verkraftbar ist.

Aber wer auf seiner Wanderung sein Etappenziel rechtzeitig erreichen will und keine üppige Zeitreserve hat, sollte auf solche Abkürzungs-Experimente besser verzichten, so reizvoll der Schritt vom vorgegebenen Weg auch sein mag.

Wir müssen nun unseren Weg wiederfinden und fragen eine junge Mutter, die mit ihrem kleinen Sohn an der Hand in Richtung des nächsten Hofes spaziert. Wir begleiten sie bis dahin und können unsere Wasserflaschen auffüllen. Ob wir uns ein wenig in den Schatten setzen und ausruhen wollen? Wir nehmen die freundliche Einladung diesmal nicht an: wir sind noch nicht reif für eine Rast, und wollen in unserem Rhythmus bleiben. Allzu häufig sollte man nicht pausieren, man riskiert, dass einen die Trägheit packt und der Weg letztlich mühsamer wird.

Die Überquerung zweier dicht befahrener Kreisverkehre erfordert höchste Konzentration und den Mut, Autofahrer zum Abbremsen zu zwingen. Ernsthaft gefährdet fühlen wir uns aber nicht. In der Hitze des frühen Nachmittages wandern wir auf Porcari zu. Von einem Hügel im Ortszentrum leuchtet die helle Fassade einer – kunsthistorisch belanglosen – Pfarrkirche, der Chiesa di San

Giusto, von der aus man weit über die
Lucchesia, die Ebene östlich von Lucca blicken
kann bis hin zur Bergkette des Apennin.

Auf einem Schotterweg am Rande Porcaris
finden wir einen dicken Schlüsselbund. Ein
Rollerfahrer kommt langsam suchend näher,
wir fragen, was er sucht: Le mie chiave,
meinen Schlüsselbund! Erfreut ihm helfen zu
können, halten wir die Schlüssel hoch. „Non
sono le mie", klagt er, meine sind das nicht.
Ausgerechnet dort, wo er seine Schlüssel
sucht, hat ein anderer seine verloren. Wir
hängen die Schlüssel an einen Zaun und
wandern weiter, am Friedhof des Ortes vorbei,

an einer verlassenen barocken Kirche mit eingerüsteter Fassade, durch Getreidefelder hin nach Altopascio.

Wir betreten Altopascio durch eines der Tore der mittelalterlichen Stadtmauer und gehen auf die Fassade des Domes zu, die durch ihre schwarz-weißen längs laufenden Marmoreinlagen eine wunderbare Leichtigkeit ausstrahlt.

Im Zentrum neben dem Dom nehmen Angestellte der Stadtverwaltung den abendlichen Aperitiv zu sich. Wer in der Zeit etwa von 18 bis 20 Uhr in einer Bar einen Aperitiv, also ein Glas Wein oder Prosecco oder einen Campari ordert, bekommt dazu einen kleinen Teller mit Tartine – belegte Weißbrothappen, Oliven, Pizzastückchen oder Chips -, die den Hunger erst einmal dämpfen, und zugleich Appetit auf das in der Regel spät eingenommene Abendessen machen.

Im Gedenken an die große Tradition als Pilgerstation stellt die Kommune auch dem modernen Pilger ein Quartier zur Verfügung. Ein freundlicher Mitarbeiter der Verwaltung - gewissermaßen ein Nachfahre der Jakobsbrüder, die in der Mitte des 11.

Jahrhunderts das Pilgerhospiz *Domus hospitalis Sanctis Jacobi de Alto Passu* gegründet haben - begleitet uns zu unserer Unterkunft in einer nahegelegenen Schule.

Das Hospiz wird oft in alten Pilgerberichten erwähnt. Es war eine Sammelstelle für Pilger, die dann gemeinsam nach Rom, aber auch in die andere Richtung nach Santiago di Compostela zogen. Ein Trakt ist erhalten und restauriert, und wird für ein kleines Museum und Konferenzen genutzt.

In dem Komplex gibt es eine einfache Trattoria, und auch wenn der heutige Pilger nahezu gefahrlos wandern und bequem übernachten kann, bleibt doch die Anstrengung des Weges und die abendliche Erschöpfung. Gemeinsam an den groben Holztischen zu sitzen, Pasta e Fagioli zu essen und einen guten und preiswerten Tischwein trinken zu können, macht uns dankbar, und diese Dankbarkeit belebt und öffnet unser Gespräch, ohne dass dies Gefühl selbst zum Thema würde.

Um wieviel stärker muss Dankbarkeit und Wohlbehagen den mittelalterlichen Pilger im *Domus hospitalis Sanctis Jakobi* erfüllt haben, dessen Weg tatsächlich nicht nur ermüdend, sondern auch gefährlich und dessen Verpflegung nicht immer gesichert war.

Die Jakobsbrüder waren die „Herren des Tau", ihr Symbol war das Antoniuskreuz, das Kreuz in der Form des griechischen T (Tau). Sie versorgten die Pilger, boten Geleit auf den Wegen durch die Sümpfe von Fuccechio und schützten vor den Wegelagerern in den Wäldern von Le Cerbaie. Im Mauerwerk des romanischen Kirchturmes kann man das Tau noch erkennen. Die Glocke im Turm wurde „La smarrita" -die Verirrte- genannt, da sie an nebligen Tagen geläutet wurde, um Pilgern als akustischer Wegweiser zu dienen.

Am nächsten Morgen bringen wir, wie verabredet, den Schlüssel unserer Pilgerunterkunft zurück in das Gemeindebüro, drehen noch eine Runde über den morgendlichen Markt und kaufen uns Panini, belegt mit Käse und Schinken. Wie üblich werden wir gefragt, ob es Parmaschinken sein soll und wie immer lassen wir uns den regionalen Schinken geben, der in der Regel kräftiger schmeckt als der zarte Parmaschinken. Dazu ein Pecorino dolce, also ein nicht zu salziger Käse, um den Durst nicht unnötig zu provozieren – er kommt ohnehin. Als Obst empfehlen sich Aprikosen wegen ihres hohen Gehaltes an Mineralstoffen und des festen Fruchtfleisches, das die Finger beim Verzehr einigermaßen trocken lässt.

Von Altopascio über Fucecchio
nach San Miniato Basso

Nach einigen Kilometern überholt uns ein Pilgerpaar aus Deutschland. Die beiden sind schon in Spanien den Jakobsweg gewandert und enttäuscht, dass so wenig Pilger auf der Via Francigena unterwegs sind. Ihnen fehlt das Erleben der Pilgergemeinschaft. Es fehle auch – so die beiden – das Erlebnis einer Landschaft, die anders – irgendwie exotischer - ist, als eine mitteleuropäische Feld-, Wald- und Wiesenlandschaft. Auf dieser Etappe ist der Eindruck nicht ganz unberechtigt, aber wir empfehlen Geduld – die Traumlandschaften der zentralen Toskana sind nicht mehr weit.

Wir verabschieden uns nach einem kurzen Gespräch und die beiden eilen uns voraus. Auf dem Weg nach Rom begegnen wir ihnen gelegentlich indirekt über Eintragungen in Gästebüchern und sehen dann, welchen „Vorsprung" sie herausgelaufen haben. Wir empfinden unser Tempo als uns und dem Weg angemessen: es fühlt sich richtig an, erschöpft uns nicht sonderlich und gibt uns die Freiheit, nicht nur die Strecke zu durcheilen, sondern auf dem Weg auch nach rechts und links zu schauen. Unser Tagesdurchschnitt liegt bei etwa 25 km, unser „Rekord" bei 35 km, erzwungen einmal durch die Entfernung zum nächsten Nachtlager.

Ein kanadisches Ehepaar, das ohne Gepäck von seinem Hotel aus wandert, hat verständlicherweise keine Probleme, sich in einer ungewohnten und interessanten Umgebung wohl zu fühlen. Und auch mich versetzt die schmale von weit ausladenden Pinien überwölbte Landstraße mit den ziegelgemauerten Eingangstoren zu Höfen und Villen in eine ländlich-südliche Stimmung.

Das erste Zwischenziel ist ein etliche hundert Meter langes Stück einer alten Römerstraße. Am Anfang der Straße steht ein langgestrecktes schlicht weiß verputztes Gebäude, das schon von weitem eine Aura von Gastlichkeit ausstrahlt. Es ist die Vecchia Osteria de Greppi, errichtet im 15. Jahrhundert auf Initiative der Gemeinde von Castelfranco di Sotto. Wir lesen auf einer Tafel, dass hier bis in „unsere Zeit" – eta moderna – Brot und Wein an Pilger und Reisende verkauft worden ist. Jetzt ist die Osteria leider geschlossen, auch wir hätten uns gern dort niedergelassen, leben aber anscheinend in der " Postmoderne".

Die Römerstraße durchquert den Wald Le
Cerbaie und ist unter Gras und Löwenzahn
recht gut auszumachen – ein ca. 3 Meter
breiter, steiniger Streifen, frei von Sträuchern
und Bäumen. Dieses über mehrere hundert
Meter erhaltene römische Pflaster ist ein Stück
der Via Cassia, bzw. deren Fortsetzung, der
Via Clodia, die Rom mit Norditalien verband.
Die Straße soll bis ins Mittelalter relativ gut
erhalten geblieben sein. Sie wurde auch damals
schon als Via Francigena, als Frankenstraße,
bezeichnet in der Annahme, Karl der Große
habe sie auf seinem Weg nach Rom benutzt.
Oder schlicht, weil sie eben nach Norden, ins
Land der Franken führte.

Vor Santa Croce sul Arno gibt unser Führer
zwei Wege an. Wir können uns nicht

entscheiden und beschließen, uns zu trennen. Die gut zwei Stunden, die wir getrennt laufen, fühlen sich länger an als wenn wir gemeinsamen wandern. Ich befürchte zudem, wir könnten uns verpassen. Der Kreuzungspunkt ist nicht eindeutig zu bestimmen, es gibt immer wieder Wege, die in meinen Weg münden und dann der vereinbarte Treffpunkt sein könnten.

Natürlich würden wir uns spätestens am Tagesziel in San Miniato treffen. Dennoch spüre ich ein Gefühl von Unsicherheit, von Verlorenheit – nicht wirklich bedrohlich, aber doch nagend. Dieser Gefühlshauch vermittelt eine Ahnung, was ich im Ernstfall empfinden könnte. Mitten im Leben ist man eben nicht nur vom Tod, sondern auch von Einsamkeit umgeben.

Bei Santa Croce überqueren wir - wieder gemeinsam- den Ponte a Cappiano. Die Brücke führt über den Canale Usciana, den Hauptentwässerungskanal der Sümpfe von Fucecchio, dem größten Sumpfgebiet Italiens. Im Mittelalter oblag der Schutz der Brücke den Rittern des Tau. Im 15. Jahrhundert wurde sie nach einer Zerstörung im Jahr 1325 durch Cosimo de Medici wiederhergestellt und eine Osteria und eine Pilgerunterkunft eingerichtet; beides gibt es bis heute und dazu eine Bar.

Auf einer Tafel ist zu lesen, wer die Brücke nach ihrer Zerstörung wiederaufgebaut hat und die Inschrift endet mit dem unwiderleglichen Hinweis, dass eine erneute Zerstörung niemandem einen Nutzen einbringen werde.

Die Via Francigena führte immer über diese Brücke und wir können sicher sein, uns hier auf der historischen Wegführung zu befinden. Wir gehen entlang des Canale Maestro hinein nach Fucecchio. Die Stadt ist mit kleinen Fahnen geschmückt, die neben den Hauseingängen in eisernen Halterungen stecken. Wir rasten in der ersten Bar und der Barista erklärt uns, dass die Stadt geschmückt ist für den Palio von Fucecchio. Hier wie in anderen Städten Italiens ist der Palio ein Wettkampf zwischen einzelnen Stadtteilen, den Contrade, nicht immer aber meistens als Pferderennen ausgetragen. In Fucecchio reicht diese Tradition bis ins 13. Jahrhundert zurück, wie der Barista stolz erklärt, und der Palio hier ist damit älter als der weltberühmte Palio von Siena.

Ma guarda, wirft ein Gast ein, und erklärt uns wenig romantisch, dass der Palio um die Mitte des 19. Jahrhunderts vergessen und erst 1980 als Benefiz-Veranstaltung wiederbelebt wurde. Mittlerweile hat jede Contrada wieder ihre eigene Fahne und ihre eigenen Treffpunkte. Es sei eine Kultur des „Miteinander-Gegeneinander", so der Gast, die vor allem von Jugendlichen praktiziert würde, Schlägereien inklusive. Schlägereien der kurzen Wege gewissermaßen; die Jugendlichen müssen gar nicht in den nächsten Ort, um sich zu prügeln und nach außen halten sie natürlich zusammen. Eine solche wiederbelebte Tradition knüpft das soziale Gewebe der Stadt dichter, das versteht sich und die beiden sind sichtlich stolz.

Wir werfen beim Gang durch die fahnengeschmückten Gassen (Palio leitet sich her von pallium: Tuch) einen Blick in eine zur Straße hin offene Werkstatt. Ein älterer Herr in einer Sportweste schraubt an einer hochgebockten Vespa herum und winkt uns freundlich herein. Die Werkstatt – eine alte

Schmiede- ist fast ein Museum. Für uns schlichte Anwender von Hammer, Schraubenzieher und Zange ist erstaunlich, wie viele hochspezialisierte Werkzeuge es einmal gab. Mit liebevoller Geduld erklärt uns der Nachfahre von Pietro Doddoli - so der Name des alten Inhabers - die Details des Gebrauchs. Besonderer Stolz des distinguierten Vespa-Schraubers ist ein 150 Jahre alter Blasebalg und ein ebenso alter Amboss.

An der Wand hängt ein Wahlplakat der Lega Nord von 2008, das einen Indianerkopf zeigt und daneben den Satz: Loro non hanno potuto mettere regole all' immigrazione, ora vivono nelle riserve. Pensaci! (Sie haben die Einwanderung nicht regeln können, heute leben sie in Reservaten. Denk mal drüber nach!) Die Lega Nord wurde 1989 von Umberto Bossi gegründet und hatte das politische Ziel, dem italienischen Norden größere Unabhängigkeit zu verschaffen, idealerweise als selbstständiges Padanien. Ihr Gründer und Vorsitzender versank – nach Beteiligung an verschiedenen Kabinetten Berlusconis – im gleichen Korruptionssumpf, den er den etablierten Parteien vorgeworfen hatte.

Aber die Partei und ihre Wahlerfolge zeigen an, wie brüchig das Gefühl eines nationalen Zusammenhaltes in Italien ist. „Wir wären ein kleines Deutschland, ohne die Belastung durch den Süden..." habe ich gelegentlich zu hören bekommen. Politisch ernst zu nehmende Trennungsbestrebungen gibt es aber nicht, auch die Anführer der Lega Nord haben sich letztlich auf der Welle des Regionalstolzes in die nationale Politik und ihre Usancen hineintragen lassen. Der heutige Vorsitzende und ehemalige Innenminister Salvini hat konsequenterweise Nord gestrichen und aus der Lega eine gesamtitalienische Partei geformt.

Neben dem Plakat der Lega hängt in der kleinen Werkstatt übrigens ein vergilbtes Organigramm mit der Überschrift: Fascio di Fucecchio, also ein Organigramm der Mitglieder und der Führungsstruktur der faschistischen Partei PNF in Fucecchio. Es ist nach dem Ende des Faschismus einfach dort hängen gelassen worden – in Deutschland unvorstellbar. Joachim Fest schreibt in seinem Italien-Buch: „Der Umgang mit der faschistischen Vergangenheit ist vielleicht deswegen einfacher, weil ohnehin immer klar war, dass die Welt von Schurken und Scharlatanen regiert wird."

Im Hafen von Bari ist noch heute in die Kaimauer in großen und verwitterten Buchstaben eingemeißelt: „Vittorio Emanuele Re, Mussolini Duce". Seit 70 Jahren hat es anscheinend niemand der Mühe für wert gehalten, diese Inschrift zu schleifen – sie verwittert wie die historische Erinnerung.

Am Ausgang von Fucecchio liegt das Hippodrom, in dem die Pferde für den Palio bereitstehen, herum- und vorgeführt werden. Wir schauen uns bedauernd an, sicherlich, wir sehen viel, aber an vielem müssen wir leider vorbei gehen: am Palio von Fucecchio zum Beispiel und es ist nicht wahrscheinlich, dass wir in unserem Leben Mitte Mai noch einmal hier vorbeikommen. Pilgern und ein noch fernes Ziel haben oder bleiben und an Ereignissen teilnehmen: beides geht nicht, Alternativen schließen einander aus.

In San Miniato Basso kommt uns aus dem Schulgebäude, in dem die Kommune einen kleinen Raum mit 4 Doppelbetten für Pilger eingerichtet hat, Mario entgegen. Wir hatten mit ihm telefoniert, aber der Schlafsaal sei belegt, hatte er uns gesagt. Wir sollten trotzdem kommen, er würde noch zwei Matratzen und einen Raum auftreiben -

unkomplizierte Hilfsbereitschaft und ein herzliches Engagement, wir sind gerührt.

Die Hilfe haben wir auch nötig, es ist spät und beginnt zu regnen. Die ganze Nacht trommelt sich der Regen in unseren Schlaf. Die Hoffnung, dass es sich über Nacht schon ausregnen würde, erfüllt sich leider nicht. Am Morgen geht es mit leichten Schauern weiter. Für uns hat das in diesen Tagen mitteleuropäisch anmutende Klima allerdings nicht nur Nachteile: wir müssen mittags keine lange Hitzepause einlegen, der Wandertag wird so länger und meistens kommen wir gut voran.

Von San Miniato Basso durch
San Miniato Alto nach Poggiarella

Diesen Schauertag allerdings wollen wir im
Konvent der Franziskaner in San Miniato Alto
an uns vorbeiziehen lassen. Wir steigen einen
rutschigen Fußweg nach San Miniato Alto
hoch, durch das tropfnasse dichte Grün des
Laubwaldes, oft den Torre Federico II im Blick.
Der deutsche Kaiser Friedrich II, an dessen
Grab im Dom von Palermo noch heute
gelegentlich frische Rosen liegen, ließ den
Turm und ein Kastell um 1220 erbauen und
verlieh der Stadt etliche Privilegien. Von
diesem strategischen Punkt aus ließ sich der
Weg zwischen Pisa und Florenz kontrollieren,
zudem natürlich der Verkehr auf der Via
Francigena. Der Turm ist eine Rekonstruktion
aus dem Jahr 1958, der mittelalterliche Turm
wurde von deutschen Soldaten auf ihrem
Rückzug im Juli 1944 gesprengt. Ich nehme an,
weil er ein weithin sichtbarer
Orientierungspunkt für Flieger war. Bis dahin
trug San Miniato den Beinamen „al tedesco",
in Erinnerung an die Präsenz der deutschen
Kaiser. Danach nicht mehr…

Wir klingeln an der Eingangspforte des
Franziskanerkonventes, niemand öffnet. Es
regnet, es ist windig, wir stehen ungeschützt

vor der Pforte. Wir klingeln noch einmal, niemand öffnet. Wir gehen hinüber in die Kirche, eine düstere Atmosphäre umgibt uns, nirgendwo brennt ein Licht.

Durch eine Seitentür gelangen wir in den Konvent, ein freundlicher Bruder in der braunen Kutte der Franziskaner kommt auf uns zu und führt uns in ein Büro. Wir werden abgewiesen, der Konvent sei belegt. Alle vier Jahre gibt es eine Zusammenkunft des Ordens hier in San Miniato, Pilger könne man jetzt nicht aufnehmen. Natürlich verstehen wir das, aber abgewiesen zu werden ist enttäuschend, auch wenn es einen einleuchtenden Grund gibt und man nicht in Not gerät. Wir hätten gern mit den Brüdern gegessen und gesprochen.

Übrigens soll es der Legende nach auch Franziskus einmal so ergangen sein: bei einem ähnlichen Wetter klopfte er an die Tür eines der von ihm gegründeten Klöster und wurde nicht aufgenommen. Der Legende zufolge hat Franziskus diese Erfahrung zum Anlass genommen, seinen Gedanken der „perfetta letizia" zu entwickeln: diese „umfassende Lebensfrohheit" sollte einen tragen gerade auch in schweren Lebenslagen.

Wäre es schon später am Tag gewesen, hätten wir vielleicht, unter massiver Belastung unseres Pilgerbudgets, im Hotel Miravalle übernachten müssen, in einem Renaissancepalast. Im Mittelalter stand dort die Herberge der deutschen Kaiser. Auf dem Weg hinaus aus San Miniato kommen wir an der langgestreckten Fassade des ehemaligen Priesterseminars vorbei. Die Maximen des Seminars sind unter den Bogengängen in einer Ecke angeschlagen, eine lautet:

A tutti colori che incominciano il premio viene promesso, ai perseveranti viene consegnato.

Allen die beginnen wird die Belohnung versprochen, diejenigen die durchhalten, bekommen sie.

Das heißt für uns: Es geht weiter nach Rom!

Wir wandern durch die grünen Hügel der Toskana, in den Tälern liegt Nebel. Noch Stunden sehen wir, wenn wir uns umschauen, den Torre Federico II, der wie ein Unterarm mit drei ausgestreckten Fingern in den Himmel ragt.

Die Via Francigena verläuft hier über die Hügelkämme Richtung San Gimignano, der heutige Straßenverlauf geht natürlich durch das Tal. Aber dort war es früher sumpfig und eher unwegsam. Auch unser Weg ist jetzt vom Regen durchweicht, die kalkfarbene Erde bleibt an unseren Schuhen kleben und an ihr klebt dann weitere Erde. Unsere Schuhe werden schwerer und schwerer. Wir rasten in einer Bar; längst nicht jeder der Weiler auf den Hügelkämmen verfügt noch über einen dieser Läden, in denen es ein kleines Sortiment von allem gibt und selbstverständlich einen Espresso oder ein Glas Wein.

Die toskanische Erde liebt euch so, dass sie Euch nicht loslässt, scherzt die Wirtin und toleriert unsere matschbedeckten Schuhe. Das Gröbste haben wir entfernt, bevor wir eintreten. Der einfache Landwein – produzione propria, ohne Etikett- schmeckt köstlich und wir empfinden ihn als Stärkung. So bleibt es nicht bei einem Glas. Über Italien und die Italiener kommen wir mit der Wirtin ins Gespräch. Noi odiamo noi stessi - wir hassen uns selbst, meint sie. Aber irgendwie patriotisch ist dann doch ihre Bereitschaft, die große Kompetenz italienischer Ärzte zu loben. Und in Antike und Renaissance seien hier die führenden Zivilisationen Europas entstanden.

Was den Selbsthass denn nun genau ausmacht, woraus er sich nährt, sagt unsere Wirtin nicht. Ich tröste sie damit, dass die Deutschen in Sachen Selbsthass es ähnlich halten.

Wir kommen nur langsam vorwärts und schaffen unser Etappenziel Gambassi Terme nicht. Wir müssen vorher übernachten und wählen die Nummer eines nahen Agriturismo. Es meldet sich niemand, aber nach einigen Minuten erlöst uns ein Rückruf. Wir kommen in einem schönen Apartment zum „Pilgerpreis" unter, unser Wirt fährt mit Bettina noch in den nächsten Dorfladen und wir können uns mit Brot und Wein und zur Abwechslung etwas Gemüse versorgen. Letzteres kommt in der Pilgerernährung eher zu kurz. Brot und Pasta als alleinige Nahrung verursachen nach einigen Tagen ein körperliches Unwohlsein, ein unangenehmes Völlegefühl bei gleichzeitigem Hunger.
Wir entfernen den Mergelmatsch von unseren Schuhen, kochen und genießen Wärme und Trockenheit.

Von Poggiarella
nach Gambassi Terme

Das Regenwetter ist zäh und wir warten am nächsten Morgen, ob sich dieser Tag noch zu einem Pilgertag mit Wanderwetter entwickelt. Während der mittelalterliche Pilger sich in seinem Quartier nicht aufhalten durfte und am Morgen weiterziehen musste, sind wir in der komfortablen Lage, den Zeitpunkt unseres Aufbruchs selbst bestimmen zu können. Um die Mittagszeit wird der Regen feiner und hört schließlich auf.

Bis zu unserem eigentlichen Etappenziel, Gambassi Terme, ist es heute nicht weit. Schon nach einigen hundert Metern begegnen wir einer Gruppe von Pilgern, zwei Paaren: Marco und Teresa aus London, und Rita und Gianni aus Brescia. Sie stehen an einer nicht gekennzeichneten Kreuzung und rätseln, welcher Weg wohl der richtige sei.

Wen man auf dem Weg trifft, der ist einem nicht fremd. Wer pilgert, begrüßt den Mitpilger offen und neugierig, fast als würde man sich bereits kennen. In gewisser Weise ist das auch so. Jeder hat seine eigene Geschichte und seine eigenen Gründe, sich auf den Weg zu machen. Aber es ist derselbe Weg und dasselbe Ziel, und die unterschiedlichen Motive, es zu erreichen, spielen erst einmal keine Rolle. Wir sind mit dem Weg und damit auch untereinander verbunden. Gemeinsam finden wir die richtige Abzweigung und verabreden, uns am Abend im Ostello Sigerico vor Gambassi Terme zu treffen.

Am Wegrand stehen verlassene Höfe, riesige ochsenblutrote Quader, mit einem kleinen Quader auf dem Giebel. Manche sind gut erhalten, so als müsse man nur neue Fenster in die leeren Fensterhöhlen einsetzen und der Hof wäre wieder bewohnt und zu bewirtschaften. Von anderen steht nur noch die Fassade, mitunter abgestützt gegen den völligen Zusammenbruch, inmitten hellgrüner Wiesen, die einmal Weizenfelder waren.

Eine hell-aufgerissene Felswand gibt den Blick frei auf die Schichten des toskanischen Kalkgesteins. Bis Rom, lesen wir auf einer Holztafel, sind es noch 276 Kilometer, für die 80 Wanderstunden veranschlagt werden. Also grob gerechnet noch 10 bis 12 Tage, das entspricht unserer Schätzung und unserem Plan.

Die Landschaft vor Gambassi Terme ist jetzt so toskanisch wie man es von Kalenderblättern kennt. Harmonische Wellen von grünen Hügelketten, wie schwarze Stifte ragen die Zypressen aus dem Grün und gliedern die Landschaft mit ihren langen Reihen. Auf den Hügelkuppen liegen die roten Dächer der Dörfer, die Türme von Gambassi Terme sind in der Ferne zu sehen.

Die tief und dunkel hängenden Wolken lassen jetzt schon öfter die Sonne durch. Wenn sie auf den hellen Schotter unseres Weges trifft, blendet sie.

Wir überwinden eine Matschlawine in einem Hohlweg, danach sind die Wirtschaftswege überwiegend asphaltiert. Aber auch dort, wo wir über Wiesenwege gehen, scheint das Wasser besser aufgenommen worden zu sein. Das quälende Aufgesogen werden von der

„toskanischen Erde" ist erst einmal vorbei, wir sind erleichtert.

An den Wegrändern blüht ein hellroter Klee. Wiesen wechseln mit Olivenbaumkulturen ab. Die Böden unter den Bäumen sind zum Teil mit Strohmatten bedeckt. Wir rätseln, ob das ein vom Winter übrig gebliebener Frostschutz ist, ein Versuch Unkrautwachstum unter den Bäumen einzudämmen oder etwas ganz anderes. Da niemand zu sehen ist, den man fragen könnte, bleibt die Frage unbeantwortet.

Das Ostello Sigerico gehört zu den schönsten auf der Via Francigena. Das einzeln gelegene Ensemble, Santa Maria Assunta a Chianni, besteht aus dem Pfarrhaus mit einer Dorfkirche und einem Innenhof; es ist von einem Paar erworben und als Ostello umgebaut und eingerichtet worden. Da es in der Nähe keine Bar oder Trattoria gibt, wird abends für alle ein Pilgermenü gekocht. Wir essen gemeinsam mit den Pilgergenossen, die wir am Morgen getroffen haben.

Unsere Gespräche kreisen nicht um religiöse Themen. Die sind unter Pilgern zwar nicht gerade tabu, werden aber als Privatsache behandelt. An wen oder was einer glaubt, geht die Mitpilger – so ist das Empfinden- so wenig

an wie sonst jemanden. Da liegen andere
Themen näher, die im lockeren Gespräch am
Abendtisch leichter zu behandeln sind: Mühen
und Freuden des Weges, Tipps und Tricks zum
Langstreckenwandern, architektonische und
kulturelle Höhepunkte und auch die politische
und soziale Lage Italiens.

Die italienischen Pilger betonen, dass sie ihr
Land auf alten Wegen neu kennenlernen
wollen. Die Via Francigena weicht
touristischen Höhepunkten zwar nicht aus -
wir nähern uns gerade San Gimignano -, aber
diese erschließen sich einem in anderer Weise.

Sie gehören zum Weg dazu, und sind keine einzeln heraus gepickten Rosinen.

Marcos Heimatstadt ist Florenz, Teresa ist seine Freundin. Marco ist über 70 Jahre alt, Ingenieur und Unternehmer, und ein lebhafter und gern auch zynischer Erzähler. Er ist von einer schweren Gicht genesen, kann wieder gehen und pilgert seitdem zum Dank. In Santiago war er, den Jakobsweg hat er hinter sich - wie übrigens viele, die wir treffen- und nun geht er auf der Via Francigena. Er erklärt sich als Atheist, sein Gefühl von Dankbarkeit ist nicht an ein höheres Wesen gerichtet. Das Christentum und seine Traditionen geben aber auch ihm den Weg vor, auf dem er Dankbarkeit ausdrücken kann.

Unterwegs haben wir den korpulenten Mann an einer Steigung schon sehr erschöpft und mit schweißnasser Stirn gesehen, aber er ist zäh und schafft das übliche Tagespensum. Wir laufen etwa im gleichen Rhythmus und begegnen ihm regelmäßig auf dem Weg nach Rom. Und wir werden mit ihm gemeinsam in Rom einlaufen...

Gianni und Rita sind ein junges Paar, die sich von ihren jeweiligen Ehepartnern getrennt haben und nun gemeinsam auf der Suche nach einem neuen Weg sind. Sie sind gläubige Katholiken, und damit Angehörige einer Kirche, die eine kirchliche zweite Heirat nicht zulässt. Das Thema bedrückt sie, das merken ich an der verhaltenen Art, wie sie darüber sprechen. Ich vermute, dass die beiden gemeinsam den Pilgerweg gehen, um diese Ablehnung zu verarbeiten. Und um in Frieden mit sich zu kommen. Aber wir sprechen nicht darüber.

Von Gambassi Terme durch Pancole nach San Gimignano

Am nächsten Tag sind Bettina und ich für eine Begegnung mit Gianni und Rita sehr dankbar. Wir geraten in kräftige Schauer und sind auf einem kalk-schlammigen Feldweg nicht mehr sicher, ob wir uns nicht verlaufen haben. Wenige Schritte vor dem Punkt, an dem wir umkehren wollen, sehen wir die roten Anoraks der beiden vor uns. Wir haben zwar den falschen Weg genommen, aber die Richtung stimmt und der Weg zurück durch die auch heute wieder feucht-klebrige Erde der Toskana bleibt uns erspart. Ein oder zwei Minuten später wären wir auf dem schwierigen Weg unnötig umgekehrt, hätten unsere Mitpilger nicht gesehen und den richtigen Weg verloren.

Solche unwahrscheinlichen Zufälle sind wie kleine Wunder. Zwei- oder dreimal stößt uns auf dem Weg Ähnliches zu, und auch andere Pilger berichten davon. Es ist wohl so, dass wir auf dem Pilgerweg offener sind, die Bedeutung von Dingen und Ereignissen zu sehen oder auch ihnen Bedeutung zu verleihen. Der Soziologe Max Weber analysierte die Moderne auch unter dem Aspekt der „Entzauberung der Welt". Diese wieder verzaubern zu können war Traum und Anliegen der Romantik.

Der Pilger, auch der weltliche, ist Romantiker in dem Sinne, dass er für das Nicht-Berechenbare offen ist – offen für Erfahrungen, die seine Gewohnheitswirklichkeit überschreiten, die überraschend sind. Nicht jeder wird diese „kleinen Wunder" als spirituelle Erfahrungen werten wollen, aber es sind Hinweise auf Zusammenhänge und Verbindungen jenseits des Alltäglichen. Und darauf, das Gute, das einem zustößt, auch zu sehen und in sein Leben aufzunehmen. Gesprochen wird über diese Dinge unter Pilgern, wenn überhaupt, dann in einem eher leichten Ton: der Weg verändert einen, aber was man auf ihm gefunden hat, behält ein jeder für sich.

Auf dem Weg nach San Gimignano unterqueren wir die Wallfahrtskirche von Pancole - unterqueren, weil hier die stark abschüssige schmale Landstraße vom Chor der Kirche überbaut ist. In der Kirche treffen wir Pater Carlo, der uns von dem Marienwunder erzählt, das die Einwohner von Pancole im 17. Jahrhundert bewogen hat, diese Kirche zu bauen. Die deutsche Wehrmacht hat sie auf ihrem Rückzug 1944 zum Teil zerstört. Die Überbauung der Straße sollte gesprengt werden, um den nachrückenden Truppen der Alliierten den Weg zu versperren. Von den

Bitten der Bewohner von Pancole ließ sich der deutsche Kommandant nicht abbringen, die Sprengung vorzubereiten. Aber sie misslang. Er soll wenige Tage darauf gefallen sein, so Pater Carlo. Ich zucke ein wenig zusammen bei dieser Fortsetzung der Legende: die Mutter Gottes als Racheengel?

Pater Carlo lässt das in der Schwebe und berichtet von seinem spirituellen Weg, der ihn aus dem Management eines großen Chemieunternehmens ins Kloster und dann in diese Pfarrei geführt hat. Sein Glaubensbekenntnis: Der Herr ist in uns…
Er segnet die Pilgergruppe, die ihm zugehört hat, und ich verlasse den kleinen Wallfahrtsort nach dieser Begegnung mit einem tiefgläubigen Menschen eigentümlich gestärkt, obwohl ich seinen Glauben in dieser Form nicht teile. Glaubt dieser Mensch stellvertretend für mich? Und beruhigt es mich möglicherweise, dass ich die Beziehung zu Gott sozusagen delegieren kann? Könnte ich seinen Glauben teilen, wenn ich es denn wollte?

Auf dem Weg nach San Gimignano liegt die Pieve di Cellole, ein romanischer Kirchenbau, der erstmals Mitte des 10. Jahrhunderts urkundlich erwähnt wird. Die dreischiffige

Basilika hat seitdem etliche Umbauten und Restaurierungen erlebt, die klare Schlichtheit der romanischen Grundidee ist aber erhalten geblieben. Wenn man sich dem Bau durch die beiden Pinienreihen nähert, die zum Hauptportal führen, überrascht die perfekte Proportion: die schlichte Fassade ist doppelt so breit wie hoch, das sakrale Gebäude scheint aus der Erde heraus zu wachsen. Im Innenraum keine Bilder, nur die bloßen unregelmäßigen Bruchsteine, antike Säulen trennen die schmalen Seitenschiffe vom Mittelschiff. Und wieder die gleiche Erfahrung: einer spirituellen Suche geben gotische oder barocke Kirchenräume keinen Rahmen – wohl aber die romanischen. Vielleicht liegt es daran, dass die architektonische Wucht der Gotik und die großartige Verspieltheit des Barock den Menschen sich klein fühlen lässt. Zudem empfinde ich diese Kirchenbauten auch als Demonstration von Macht und Glanz der weltlichen Institution Kirche.

Wer sich San Gimignano nähert, blickt ins Mittelalter. Am Fuß des Hügels stehend, wirkt die Stadt wie eine Himmelsburg, das Monument einer anderen Zeit. Die Stadtmauer ist vollständig erhalten, von den einstmals über 70 Geschlechtertürmen ragen immerhin noch 15 schmucklos düster in den toskanischen Himmel, Denkmäler einstiger Macht und eines vergangenen Wohlstandes. Aktuellen Wohlstand demonstriert ein Rudel MG -Sportwagen aus den 60er Jahren, „Macchine di epoca" sagen die Italiener, deren Fahrer in den engen Kurven hin zur Porta San Matteo etwas angestrengt wirken.

Die Stadt entwickelte sich auf dem Bogen eines Hügelkamms, über den die Via Francigena führt. Die Pilgerstraße zieht sich als zentrale Achse durch die Stadt von der Porta San Matteo im Norden bis zur Porta San Giovanni im Süden.

Die Via Francigena war nicht nur Pilgerweg, auch Verkehrs- und Handelsstraße. Die Dörfer, die Gemeinden, durch die dieser Weg führte, konnten sich entwickeln, wohlhabend und zu Städten werden. In San Gimignano mauerten die reich gewordenen Wein-, Woll- und Gewürzhändler ihre quadratischen nahezu fensterlosen Trutztürme in die Höhe, einander möglichst übertreffend. In Reiseführern werden sie gelegentlich als Wohntürme bezeichnet, aber bequem kann das Wohnen ohne viel Tageslicht und mit all den Treppen nicht gewesen sein. Es dürfte eher der Versuch gewesen sein, die Burgen des Adels unter innerstädtischen Bedingungen zu imitieren und der eigenen Familie so Ansehen und Bedeutung zu verleihen.

Als Rückzugsorte bei den Fehden der Stadtbewohner werden die Geschlechtertürme neben dem Prestige einen praktischen Zweck erfüllt haben. Die mittelalterlichen Auseinandersetzungen zwischen Guelfen und Ghibellinen, zwischen Papst- und Kaisertreuen, fanden ja auch innerhalb der Stadtmauern statt. Sie waren durchzogen von lokalen Motiven, den Kämpfen zwischen verfeindeten Familien: in San Gimignano waren dies die Salvuccia und die Ardinghelli. Im Mai 1300 versuchte der große italienische Dichter Dante Alighieri in diplomatischer Mission Frieden zu stiften, aber vergeblich.

Aus der Hoch-Zeit der Stadt als Station für Rom-Pilger sind in Seitengassen etliche Pilgerkirchen erhalten, zu erkennen an den vierschenkeligen Kreuzen der Hospitalorden der Templer, der Johanniter, der Malteser auf den Fassaden.

Mit der allmählichen Trockenlegung der Sümpfe in den Tälern verlagerte sich der Pilger- und Handelsstrom auf den bequemeren Weg in der Ebene und die Stadtentwicklung

blieb im Hochmittelalter stehen. Dieser
Stillstand hat es San Gimignano – und anderen
vergleichbaren Städten wie Monterregioni –
ermöglicht, heute wieder von Fremden zu
leben. Damals waren es Pilger, heute sind es
Touristen – und zunehmend wieder Pilger.

Wir betreten – von Norden kommend- San
Gimignano durch die Porta San Matteo und
stehen nach wenigen Schritten auf der Piazza
San Agostino. Im Kloster der Augustiner
wollen wir übernachten. Der Konvent öffnet
erst am Abend. Wir ruhen uns auf den
sonnendurchwärmten Ziegeln der Domtreppe
aus und lassen uns von der Ankunft einer
Hochzeitsgesellschaft unterhalten. Zunächst
die Vorhut, einige junge Mädchen in Weiß mit
einem   schwarzen   Gürtel,   die   sich
Instruktionen für ihr Verhalten bei der
Hochzeitszeremonie gefallen lassen müssen
und ein wenig unsicher an sich herumzupfen.
Wir warten auf das Erscheinen der Braut und
genießen nach den Regentagen die milde
Nachmittagssonne. Die Braut wird geführt
vom ernst wirkenden Brautvater. Sie trägt ein
Kleid mit langer Schleppe und ist für meinen
Geschmack ein wenig überschminkt. In
Süditalien habe ich erlebt, dass ein solcher
Auftritt noch deutlich pompöser inszeniert

wurde, da geht es hier in der Toskana vergleichsweise schlicht zu.

Im Konvent empfängt uns ein eher unitalienisch wirkender Pater und begrüßt uns in perfektem Englisch. Wir führen das im ersten Moment auf ein höfliches Entgegenkommen gegenüber nicht-italienischen Pilgern zurück und antworten ihm wie gewohnt in Italienisch. Er bleibt hartnäckig im Englischen und stellt sich als Pater Brian aus Kanada vor. Der Konvent sei von den italienischen Augustinern aufgegeben worden und er sei mit einigen weiteren Brüdern von seinem Orden aus Kanada hierhin gesandt worden. Pater Brian führt uns zu

unserer Klosterzelle. Die langen
weißgekalkten Flure wirken endlos, gehen in
alle Richtungen, kreuzen sich unter hohen
Gewölben, zwischendurch steile Treppen –
wir begegnen niemandem in einem Gebäude,
das einmal von hunderten Patres und Fratres
bewohnt war. Diese Unterscheidung hat
übrigens bei den Augustinern für die
Organisation des Ordens keine Konsequenzen:
Priester und Laienbrüder haben jeweils
Zugang zu allen Ämtern, das Ordens-Ideal ist
die apostolische urchristliche Brüderlichkeit.

Pater Brian weist uns im Dom auf ein Bild von
Benozzo Gozzoli hin, das ihn wohl ebenso
beeindruckt hat wie uns jetzt: Gott Vater
richtet Zornes- Pfeile auf die Einwohner von
San Gimignano und die werden von der Pest
heimgesucht. Der heilige Sebastian bittet um
Gnade für die Menschen, und bevor sie von
den Pfeilen getroffen werden können, werden
diese von Engeln aufgefangen und zerbrochen.
Die Fürbitte des Heiligen ist stärker als der
Zorn Gottes.

Wir machen noch einen Rundgang durch San
Gimignano, zum Teil auf der Krone der
Stadtmauer mit Blick in die toskanische
Landschaft, die jetzt bei einbrechender
Dunkelheit in immer tieferen Grüntönen

versinkt. Die Stadt hat sich auf einen gehobenen Kulturtourismus eingerichtet. In der Galleria Continua, die zeitgenössische Kunst ausstellt, nehmen wir uns auf einer Vernissage ein Glas Sekt und bewundern die Installation eines nach allen Seiten offenen Heißluftballons.

Im Museum des Palazzo Comunale erschrecken uns drastische Bilder von der Folterung einer Heiligen. Wie zum Ausgleich erfreut uns im Hochzeitszimmer des Standesamtes ein Fresco des Memmo di Filippuccio, eines Sieneser Maler der Frührenaissance: eine hübsche Bettszene, eine Bedienstete schließt den Vorhang vor einem breiten und durchaus modern wirkenden Ehebett, in dem die Braut liegt. Ihre Brüste sind nackt, die Augen sind entspannt geschlossen und ihr Oberkörper wendet sich schamhaft ab von dem Bräutigam, dem eine Toga halb von der Schulter fällt, während er das Bett aufdeckt... In dem Bild liegt eine schöne erotische Spannung. Ich kaufe eine Postkarte mit diesem Bild und schicke es meiner Frau.

Von San Gimignano über Colle di Val d´Elsa nach Abbadia Isola

Über die vom nächtlichen Regen schwarzglänzenden Steine der Via Matteo verlassen wir die Stadt durch die Porta San Giovanni in Richtung Süden. Es ist früher Morgen, uns begegnen nur wenige Passanten. Um die tiefgrünen Hügel der Toskana wehen Nebel und lösen sich in der Frühsonne auf, die nach und nach durch die Wolken bricht. Ich genieße die morgendliche Aufbruchstimmung und wir erwarten gespannt, was uns die Welt an diesem Tag so vorsetzen wird.

Die toskanische Landschaft ist durch und durch Kultur-, also vom Menschen gestaltete anthropomorphe Landschaft. Im Unterschied zu anderen Kulturlandschaften scheint es, als hätten bei der Gestaltung der Toskana nicht nur Nützlichkeitserwägungen, sondern auch ästhetische Kriterien eine Rolle gespielt. Die Nutzung schmiegt sich gewissermaßen an die Landschaft an. Roterdige Ackerflächen wechseln mit Weinterrassen, mit kleinen Laubwäldchen, Olivenhainen und Flächen von jungem hellgrünem Weizen. Darin liegen, verstreut, sandfarbene Gehöfte... eine Harmonie, als sei das Ganze wie ein Park angelegt worden.

Wir schauen uns hin und wieder um. Von Süden wirkt San Gimignano weniger trutzig, die Stadtmauer wird von vorgelagerten Häusern verdeckt. Je weiter wir die Stadt hinter uns lassen, desto dominanter wirken seine Geschlechtertürme, bis überhaupt nur noch diese zu sehen sind.

Wir folgen einem Wegzeichen der Via Francigena durch einen Bauernhof und wundern uns ein wenig über die Routenführung. Es geht in ein Wäldchen, einen Hang hinunter, kein Wegzeichen ist mehr zu finden, der Weg verengt sich zum Trampelpfad. Schließlich kehren wir um, zurück durch den Hof: Ja, bestätigt eine Frau uns dort, es käme immer wieder vor, dass die Wegzeichen verdreht würden. Einige Nachbarn wollten die Pilger nicht über ihr Land lassen. So etwas wie die britische Tradition des „right of way", wo nötig auch über privaten Grund, gibt es in Italien nicht.

Auf dem Rückweg drehen wir das Schild in die richtige Richtung. Wenig später passiert uns das gleiche noch einmal. Diesmal kehren wir rasch um, es entwickelt sich ein Gespür dafür, wann ein Weg nicht der richtige sein kann.

Nach Abbadia Isola nehme ich eine Variante der Via Francigena über Colle di Val d'Elsa. Bettina werde ich in Monteriggioni wiedersehen.

Colle di Val d'Elsa ist zweigeteilt, wie etwa Bergamo. Der historische Kern, die „Citta Alta", die Oberstadt, liegt auf einem Hügel über dem Tal, die Unterstadt im Tal am Fluss Elsa. Ich nähere mich der Citta Alta über die Hügel von Norden und bin so auf gleicher Höhe mit der Oberstadt. Die langgestreckte Reihe vier- bis sechsstöckiger Palazzi, im wesentlichen im 17. Jahrhundert entstanden, ist direkt am Rande des Hügels erbaut und mündet in die Kathedrale von Colle. So habe ich den Eindruck, dass diese grau-beigen schmucklosen Fronten aus dem üppigen Grün des Tales quasi herauswachsen. Hinter der Stadt, vom Tal her, zieht eine Gewitterfront hoch, während die Fassaden der Palazzi noch in der Sonne strahlen...

Eine lange Zypressenreihe führt zum Konvent des Hl. Franziskus, der von den Franziskanern verlassen worden ist. Mich empfängt ein Verwalter, ein Angestellter der Kommune, bei dem ich mich am Vormittag angemeldet und nachgefragt habe, ob es Platz gibt. Den gibt es reichlich, ich habe den Eindruck, dass ich der einzige Gast bin. Im großzügigen Eingangssaal, der „sala Trinita", steht ein schwerer Eichentisch fast verloren und an der Wand ein dazu passendes Buffet. Dieser Saal der Dreifaltigkeit wird das Refektorium der Franziskaner gewesen sein. Das große, leere Haus wirkt wie ein Museum der Ordensspiritualität, steingewordene Frömmigkeit.

Die Gewitterwolken entladen sich erst einmal nicht und der Kontrast zwischen dem tiefen Schwarz über dem Tal und dem leuchtenden Beige der Palazzi der Citta Alta erzeugt eine eigentümliche Spannung. Ich schlendere, vom Rucksack befreit, die schmale Hauptstraße hoch, rechts und links führen kleine Gassen die Hänge hinunter und geben den Blick frei auf Wiesen und Gehöfte. An der Kathedrale kehre ich um, es ist dunkler geworden und nach vielen Wandertagen entwickelt sich ein Gespür dafür, wann es an der Zeit ist, sich ein Dach über dem Kopf zu suchen. Mich interessiert eine Enoteca, eine Weinhandlung, in der man Weine probieren und kleine Mahlzeiten zu sich nehmen kann. Die Tür hinter mir ist gerade zu, da klatscht ein Platzregen auf das Pflaster. Die Sommelier (sommeliere im Französischen wird italienisch la sommelier genannt) gratuliert mir, dass ich es knapp ins Trockene geschafft habe und ich bestelle etwas Brot, Käse und einen leichten

Weißwein. Dass es ein trockener Wein sein soll, ist in Italien selbstverständlich. Eigens bestellen müsste man einen süßen Wein, einen Dessertwein.

Im Eingangsraum der Enoteca wird verkauft und probiert, im hinteren Raum gegessen. In den ringsum laufenden wandhohen Regalen ist die Weinvielfalt nicht nur der Region, sondern ganz Italiens ausgestellt, ein beeindruckendes Sortiment. Der Inhaber der Enoteca zeigt mir nach meinem Imbiss stolz seinen Weinkeller, verschiedene Räume, die im 15. Jahrhundert in den Fels geschlagen worden sind und deren trockenes Klima mit einer Temperatur von 12 Grad sich seitdem nicht verändert hat – für Wein ideale Lagerbedingungen.

Wir verabschieden uns herzlich, ich wünsche ihm gute Geschäfte und er mir einen guten Weg. Mittlerweile ist es dunkel, durch die offene Tür einer Osteria scheint Licht und einige Gäste sitzen noch diskutierend und gestikulierend hinter ihren Weingläsern.

Die Etappe nach Abbadia Isola am nächsten Morgen ist kurz, das kommt meinem sonntäglichen Ruhebedürfnis entgegen. In der Oberstadt, wo ich übernachtet habe, ist am frühen Sonntagmorgen noch alles geschlossen. Die Unterstadt ist quirliger und auf der Piazza habe ich die Wahl, den morgendlichen Cappuccino in der Bar Garibaldi oder der Bar Italia zu schlürfen.

Der Weg führt über die sanften Hügel der zentralen Toskana und durch kleine Dörfer, in sonntäglicher Stille. In Abbadia bin ich bereits am frühen Nachmittag. Der Ort besteht nicht nur aus der Abtei und der Kirche: dem ehemaligen Klostergebäude gegenüber liegt noch ein Dutzend Häuser. Die Bar von Abbadia ist zwar geöffnet, aber die Panini sind ausverkauft. Ich begnüge mich mit einem gut gekühlten Bier und setze mich auf den kleinen Vorplatz der Abteikirche. Herberge und Kirche sind noch geschlossen. Die Hitze und Ruhe des Nachmittags befördern eine nahezu

meditative Versenkung in die harmonische
romanische Fassade der Abteikirche, die den
Heiligen Salvatore und Cirino geweiht ist.

Im Osten, hinter Monteriggioni, verdunkelt
sich der Himmel und das nunmehr schon
gewohnte Nachmittagsgewitter zieht auf. Zu
der Stimmung passt die Impression von Goez
(S.130): „Wenn ein Gewitter droht, das
Wetterleuchten durch dunkle Wolkentürme
zuckt und sich Monteriggioni vor bleiernem
Himmel wie eine Geisterburg von Grau und
Schwarz abhebt, dann erscheint selbst die
Atmosphäre wie ein Abbild der politischen
Spannungen, die seit dem Ausgang des 12.
Jahrhunderts über dieser Landschaft lasteten."

Ich suche den Schutz des Säulenganges, der dem Klostergebäude vorgelagert ist. Dort sitzt bereits Maria, eine Pilgerin, die ich zuerst in Gambassi Terme getroffen habe. Sie wartet wie ich auf die Öffnung ihres Quartiers und klärt mich auf: in Abbadia gibt es zwei Pilgerunterkünfte, eine wird von der Kommune verwaltet, die andere ist in der Trägerschaft der Kirchengemeinde... eine auf der Via Francigena wohl einmalige Situation, die uns Herbergssuchenden eine komfortable Auswahl ermöglicht.

Wir sitzen geschützt auf der steinernen Bank im klösterlichen Säulengang; der in den Innenhof niedergehende Gewitterregen verhüllt wie ein silberner Vorhang den Blick auf die Abteikirche. Maria kommt aus Mantua, sie ist nur eine Woche unterwegs. Dann ist diese seelische Erholungsphase beendet – eine Woche wohltuender Einsamkeit und auch gelegentlicher Begegnungen mit Fremden, denen man keine Rechenschaft schuldet und die man nicht wiedersieht. Faccio la Mama, ich gebe die Mutter, erzählt sie, mit leicht ironischem Unterton, und wir reden über unsere Ehen, vergangene und bestehende, und auch über die quälende Phase von Zweifeln und sich anbahnenden Trennungen. Ein kurzes Gespräch, eher dazu gedacht, gemeinsam Abstand von noch nicht vergangenen Gefühlen zu gewinnen, als Themen in der Tiefe zu bewegen.

Beendet wird es durch einen Kleinwagen, der schwungvoll in den Innenhof einbiegt. Die Mitarbeiterin der Kommune öffnet das Ostello. Neugierig fragen wir nach, wie es zu diesem Angebot von zwei Herbergen im Abstand von 100 Metern gekommen sei. Statt eine Antwort auf unsere Frage zu geben, schimpft die Verwalterin auf die kirchliche Unterkunft: die Leute würden sich an keine Absprachen halten, seien unseriös, ihnen sei nicht zu trauen. Ähnliches höre ich später in meiner kirchlichen Herberge, nur in die andere Richtung.

Anscheinend fühlt man sich in den beiden Ostelli als Konkurrenten. Bei einem Übernachtungspreis von 15 Euro kann es am Geld kaum liegen – eher ein Zusammenprall des katholischen mit dem laizistischen Italien.

In meiner Unterkunft werde ich von Graziella sehr warmherzig empfangen. Bei ihr hatte ich mich am Morgen angemeldet. Sie leitet die Herberge im Auftrag des Pfarrers, dessen Engagement für Arme und Flüchtlinge sie bewundert. Er habe das ganze Haus Migranten zur Verfügung stellen wollen, aber das sei am Widerstand der Einwohner von Abbadia gescheitert. Allerdings meint auch sie, dass 40 bis 50 Migranten den Charakter dieses Ortes, der kaum mehr als 50 Bürger hat, wohl zu sehr verändert hätte.

Das Haus ist geräumig und ich bin der einzige Gast. Graziella meint, da könne sie sich etwas erholen, am Vortag hätte sie für 21 Pilger kochen müssen. Ich schlage ihr vor, heute ganz aufs Kochen zu verzichten, ich könne auch gut in dem nahen Restaurant essen. Aber diesen Vorschlag weist sie entschieden zurück und zeigt mir stolz ihren Gemüse- und Kräutergarten. Sie kocht einfach gerne und hat selbst auch noch nicht gegessen.

Vor dem Abendessen mache ich noch einen Spaziergang um das Kloster herum und treffe Maria, die sich in ihrem kommunalen Ostello eingerichtet hat und dort, so wie ich, der einzige Gast ist. Da es dort keine Verpflegung gibt, bitte ich Graziella einen Gast mitbringen zu dürfen; sie ist einverstanden und freut sich. Während des Kochens und bei der Mahlzeit redet sie fast ohne Unterbrechung und entschuldigt sich immer wieder dafür: sie sei von gestern noch erschöpft und müsse sich „sfogare" - also sich abreagieren, sich Luft machen. Reden ohne Pause bedeutet für sie offensichtlich keine Anstrengung, sondern im Gegenteil Erholung. Die Anstrengung liegt eher bei uns, auf Seiten der Zuhörer.

Aber wir strengen uns gern ein wenig an, nicht nur aus Höflichkeit unserer Gastgeberin gegenüber. Graziella erzählt schnell und lebhaft, nebenbei kocht sie und unsere Hilfsangebote lehnt sie ab. Nur den Tisch dürfen wir decken. Sie berichtet von ihrem Engagement als Krankenschwester in verschiedenen Ländern Afrikas. Am Sinn dieser Unternehmungen zweifelt sie mittlerweile und meint, das Geld für die teuren Flüge hätte man besser in die Ausbildung der Menschen dort investiert. Geräte und Maschinen seien, wie sie bei späteren Einsätzen hätte sehen können, nach dem Auslaufen von Hilfsprojekten nicht mehr gewartet und bald unbrauchbar geworden.

Auch nach der Abendmahlzeit, einer köstlichen Minestrone von Gemüsen aus dem Garten des Hauses, will sie sich nicht einmal beim Abwasch helfen lassen. Ich schlendere noch durch den Innenhof zur Bar und genieße auf der Terrasse ein Glas Rotwein und die feucht-warme Abendluft.

Von Abbadia Isola über Monteriggioni nach Siena

Mein Zimmer ist nach Osten ausgerichtet. So weckt mich sanft die Morgenröte und aus dem sich erhellenden Horizont schälen sich die mittelalterlichen Konturen der Festungsstadt Monteriggioni heraus. Ich höre das Knirschen von Schritten im Kies des Innenhofes: Maria beginnt ihren letzten Pilgertag auf der Via Francigena und ich rufe ihr aus meinem Fenster zu „Buon Camino!" Sie schaut hoch

und ruft mir ebenfalls etwas zu – ich konnte es
nicht verstehen…

Monteriggioni krönt den Monte Ala und ist
kilometerweit zu sehen. Ich laufe am frühen
Morgen bei wenig Verkehr auf dem
Seitenstreifen der Landstraße, die direkt auf die
Festung zuführt. Monteriggioni ist nicht wie
San Gimignano eine befestigte Stadt, sondern
eine bewohnte Festung, entstanden zu Beginn
des 13. Jahrhunderts als Grenzfestung der
Sienesen gegen Florenz. Es gibt keinerlei
Bebauung außerhalb der vollständig
erhaltenen Stadtmauer, welche die Kuppe des
Monte Ala umfasst.

Ich kenne kein anderes Panorama, das einen so überzeugenden Eindruck des europäischen Mittelalters vermittelt. Monteriggioni wurde oft als Filmkulisse genutzt. Im 15.Jahrhundert wurden die Stadtmauern verstärkt, um auch Artilleriebeschuss standhalten zu können. Vor etwa 100 Jahren wurden die Türme restauriert, die vorher wohl als Steinbruch genutzt wurden. Die Gebäude im Inneren der Festung sind von schmuckloser, romanisch anmutender Klarheit und Strenge. Im Zentrum geht die Einwohnerzahl zurück, die Häuser lassen sich wohl nur begrenzt modernisieren, ohne den mittelalterlichen Charakter der Stadt zu beeinträchtigen.

Ein schmaler Schotterweg führt hoch zur Porta San Giovanni, dem nach Florenz ausgerichteten Nordtor der Stadt. Wie verabredet treffe ich Bettina in der Bar Il Feudo und wir genießen ein frisch gebackenes Brioche und den morgendlichen Cappuccino.

Die Festungsstadt verlassen wir durch das Südtor, die Porta Franca, die auch Porta Romea genannt wird. Wir sind also auf dem richtigen Weg, aber nach wenigen hundert Metern stehen wir etwas irritiert vor zwei VF-Wegweisern, die in entgegengesetzte Richtungen zeigen. Die Lösung des Rätsels: die

Via Francigena wird, zwar nur von wenigen,
auch nach Norden begangen. Sie ist dann ein
Zuweg zum Jakobsweg und führt nach
Santiago di Compostela. Der moderne Pilger
ist Einweg-Pilger: für den Rückweg nimmt er
Bahn oder Flugzeug, wohingegen sein
mittelalterlicher Vorgänger am Ziel die andere
Hälfte seiner Pilgerschaft, den Rückweg, noch
vor sich hatte. So konnte er sich seinem
normalen Leben allmählich wieder nähern, in
das wir heutigen Pilger ohne Übergang
zurückgestoßen werden.

Wie schon beim Auszug aus San Gimignano
schauen wir uns immer wieder um und ich
staune über diesen aus der Zeit gefallenen
Anblick. Nur die am Fuß der Festungsmauer
wachsenden Olivenbäume zeigen an, dass
diese Festung nicht mehr verteidigt werden
muss, sondern ein friedlicher Ort geworden ist.

Wir überqueren die römische Ponte a Rosso, die seit 2000 Jahren ein tiefes Bachbett überbrückt. Die Fundamente sind überwuchert, wir sind auf sehr alten Wegen unterwegs. Am Rande dieses Weges liegt das kleine Gehöft von Linda. Ein handgemaltes Schild am Gartenzaun verspricht eine angenehme Rast bei Kefir und hausgemachter Pasta. Natürlich gibt es auch Wasser. Wir freuen uns über die Rast und Lindas Verpflegung. Sie erzählt uns, sie würde diese gut besuchte Raststation gern etwas ausbauen, aber es gebe etliche bürokratische Hindernisse. Die Linke, die die Toskana seit Kriegsende politisch dominiert, sei besonders regulierungswütig.

Erst wenn man eine Landschaft zu Fuß durchwandert, bemerkt man, wie weitläufig sie ist. Wir sind gewohnt, uns in Städten aufzuhalten und zwischen Städten schnelle Verkehrsmittel zu nutzen. Die Empfindung des Raumes dazwischen geht verloren. Und damit auch das Gefühl für die Abhängigkeit von Natur und Wetter. Wir geraten zusammen mit einer kleinen Pilgergruppe in das nun schon gewohnte, nachmittägliche Gewitter und beratschlagen, wie man sich am besten verhält. Wir entscheiden uns, gemeinsam in der Nähe einer Baumgruppe zu bleiben und hoffen, dass ein Blitz sich im Zweifel für die Bäume und nicht für uns entscheidet.

Vor Siena bricht die Sonne durch die Wolken, wir sehen diese „schönste Tochter der Via Francigena" - so der italienische Historiker Ernesto Sestan - vor uns auf einem Hügel thronend. Das dichte Grün des Hügels wächst hoch bis an die Stadtmauer, die als Begrenzung der Stadt gut zu erkennen ist. Die Kuppel des Domes und der schwarz-weiß geschichtete Campanile ziehen den Blick hin auf die städtische und religiöse Mitte Sienas.

Für Siena gilt das Gleiche wie für San Gimignano: die Lage an der Via Francigena hat die Blüte der Stadt begründet. Im Lauf der Jahrhunderte haben sich andere und bequemere Verkehrsrouten gebildet, so dass die spätmittelalterliche Stadtanlage erhalten geblieben ist. Die von der Stadtmauer umschlossene Altstadt ist in Terzi, also Drittel, gegliedert, entsprechend den drei Hügeln, auf denen Siena erbaut ist. In den Terzi sind jeweils mehrere der insgesamt 17 Contrade zusammengefasst. Die Contrade sind Nachbarschaftsgemeinden, die ein dichtes soziales Gewebe bilden. Dass ein solches Netz auch soziale Kohärenz und Kontrolle bedeutet, zeigt übrigens auch die für eine Stadt der Größe von ca. 50000 Einwohnern sehr niedrige Kriminalitätsrate.

Jede Contrada hat ihr eigenes Gemeindehaus, in dem Trophäen, Urkunden und historische Kostüme aufbewahrt werden und jede hat natürlich auch eine eigene Kirche. Auf der Piazza di Campo treten die Contrade jährlich zweimal zu dem berühmten Pferderennen Palio di Siena gegeneinander an. Jede neue Generation wächst in diese Strukturen hinein, die Spannung des Palio hält die Tradition lebendig.

Wir betreten Siena durch das nordwestliche Stadttor, die Porta di Camollia - ein Schritt, der immer mit einem guten Gefühl von „Ankommen" verbunden ist. Für den mittelalterlichen Pilger dürfte zudem die Sicherheit hinter der Mauer erleichternd gewesen sein. An nahezu jedem Hauseingang in der Gasse, die wir Richtung Campo gehen, sind die Wappen der jeweiligen Contrada angebracht.

Siena gehörte nicht zu den italienischen
Stadtstaaten, die Kriege führten, um zu
expandieren und größere Territorien zu
beherrschen. Wenn es kämpfte, dann für seine
Unabhängigkeit, die es im 16.Jahrhundert aber
an Florenz verlor. Von 1287 bis 1355 wurde
Siena vom Rat der Neun regiert, dessen
Mitglieder der Sieneser Oligarchie von etwa 60
Familien entstammten. Bei ihrem Amtsantritt
schworen sie, für das Volk der „herrlichen
Stadt Siena Frieden und Eintracht zu
bewahren". In dieser Zeit entstanden die
berühmten Wandbilder des Ambrogio
Lorenzetti im Sala della Pace des Palazzo

Pubblico. Die Fresken haben die Titel „Die Auswirkungen der guten Regierung" und „Die Auswirkungen der schlechten Regierung". Die ersten Fresken zeigen Frieden, Wohlstand und gutes städtisches und ländliches Leben. Die zweiten zeigen Gewalt, Raub, Angst und Tod. Wo sich der gut regierte Stadtstaat sah, war keine Frage.

Wir übernachten im Konvent der Vincentinerinnen, und müssen suchen, bis wir die unauffällige Pforte gefunden haben. Wir freuen uns, Rita und Gianni zu treffen und da wir uns kennen, bekommen wir ein gemeinsames kleines Zimmer. Zu viert müssen wir uns sorgfältig absprechen, was die Nutzung des knappen Raumes und die Koordination der Zeiten anbelangt. Aber unsere Mitpilger sind sehr kooperativ – wir natürlich auch - und unsere Absprachen funktionieren problemlos. Bei dem einfachen Abendessen im nüchternen Speisesaal, 2-Liter Flaschen eines ordentlichen Tafelweins stehen auf den Tischen, kommen wir ins Gespräch mit einer der Vincentinerinnen. Sie erzählt, dass ihre Eltern mit dem Eintritt in das Kloster nicht einverstanden gewesen seien. Ihr Entschluss sei religiös gut fundiert gewesen, aber welches Leben sie im Konvent erwarten würde, habe sie natürlich nicht gewusst. Sie sei

62 Jahre alt, habe ihr Leben nun hier verbracht, sei sehr zufrieden und habe ihren Entschluss nicht bereut.

VIII. Durch die Crete Senesi und das Orciatal

Von Siena an der Grancia di Cuna vorbei nach Ponte d`Arbia

Unseren Pilgertag beginnen wir mit einem Besuch des Domes. Bis zu unserem nächsten Ziel Ponte de`Arbia sind es 25 km; wenn wir Siena bis 10 Uhr verlassen, werden wir unser Tagesziel zwischen 17 und 18 Uhr erreichen.

Jakob Burkhardt nennt in seinem Cicerone, „Eine Anleitung zum Genuss der Kunstwerke Italiens" den Dom „eines der schönsten gotischen Gebäude Italiens" und begründet dies ausführlich. Wir wollen an der Morgenmesse um 8 Uhr teilnehmen. Für touristische Besucher bleibt der Dom bis 9 Uhr geschlossen. Unser Ticket, sonst kostet der Eintritt 14 Euro, ist das mittlerweile gut gestempelte Credenziale. Nach der Messe wandeln wir in Ruhe durch den Dom und genießen den Raum, bis ein Wärter uns hinauskomplementieren will. Wir zeigen unser Credenziale und er lässt uns erst einmal in Ruhe, bekommt dann aber Ärger mit dem Kassierer. Wir müssen ohnehin los…

Neben dem Dom liegt das Spedale Santa Maria alla Scala, ein über Jahrhunderte gewachsener Hospizkomplex aus dunkelrotem Backstein und Travertin. Die Ursprünge liegen im 9. Jahrhundert, es soll zunächst ein Heim für Waisen und Findelkinder gewesen sein. Urkundlich erwähnt wurde es zum ersten Mal im Jahr 1090. Aus den antiken Fremdenhäusern, den Xenodochien, die nur Reisende beherbergten, entwickelten sich im Mittelalter die Hospize, die Kranke und Bedürftige versorgten. Träger waren nicht nur Klöster und Kirchen, auch Laienbruderschaften und Privatpersonen gründeten diese Einrichtungen, um das christliche Gebot der Nächstenliebe zu befolgen und sich Verdienste zu erwerben.

Santa Maria alla Scala wurde durch Schenkungen, Spenden und testamentarische Verfügungen zu einem gewichtigen wirtschaftlichen Faktor. Ländereien und befestigte Gutshöfe, die Grancie, gehörten rund um Siena zum Besitz des Hospizes. Dort wurden Weizen, Wein, Öl und andere Nahrungsmittel für den Bedarf des Hauses produziert.

Wir verlassen Siena durch ein gigantisches Doppeltor, die Porta Romana, vorbei am Komplex des Ospedale Psichiatrico. Bei Festungsstädten wie Monteriggioni überrascht es nicht, wenn die Stadt an der Festungsmauer endet. Aber auch Siena dehnt sich im Süden nicht über die mittelalterliche Stadtgrenze und Stadtmauer aus. Wer aus dem Stadttor hinaus getreten ist, blickt in die freie grünhügelige Toskana. Vereinzelte Häuser vor der Stadtmauer und die in der Landschaft gleichmäßig verstreuten Gehöfte stören den Eindruck einer klaren Trennung von Stadt und Land nicht. Wir schauen uns immer wieder um, aus der Ferne entsteht das Gesamtbild Sienas, der Stadt auf drei Hügeln.

Die Via Francigena führt jetzt durch das Arbiatal und verläuft etwa parallel der römischen Via Cassia, heute die SS2 (Strada Statale 2). Auf unserem Weg holt uns Erik ein, den wir in Siena bei den Vincentinerinnen kennen gelernt haben. Seine Eltern sind aus Deutschland nach Paraguay ausgewandert, er bereist jetzt Europa. Wir laufen gemeinsam über eine breite, geteerte Straße, die für den Autoverkehr nicht freigegeben, aber seltsamerweise als Via Francigena ausgeschildert ist. Büsche wachsen über den Straßenrand, im Belag sind große Risse und auf der Karte ist nicht zu erkennen, welche Verbindungsfunktion dieses Straßenstück haben könnte. In der Regel sind es mit EU Geldern geförderte Investitionsruinen, die man insbesondere im Süden Italiens häufig findet. Höhepunkt in dieser Hinsicht war für mich ein komplett leerstehendes Universitätsgebäude am Rande der Kleinstadt Buonalbergo. Ein einziger Spaziergang durch dieses Städtchen hätte eigentlich jedem Verantwortlichen klar machen müssen, dass dieses einsam, etwa 30 km östlich von Benevento gelegene Nest als Universitätsstadt keine Chance hatte. Die Studenten blieben aus oder gingen wieder und der Lehrbetrieb wurde nach kurzer Zeit eingestellt.

Etwa 12 Kilometer hinter Siena stoßen wir auf die Grancia di Cuna, ein aus der Ebene herausragender quadratischer Block, aus Ziegeln gemauert. Der befestigte Gutshof ist gut erhalten, seit 1224 gehört der Komplex dem Spedale Santa Maria. Den Spitzbogen des Eingangstores ziert das Wappen des Spedale alla Scala, des Hospizes an der Treppe des Domes.

Diese landwirtschaftliche Festung diente als sicherer Kornspeicher. Über eine imposante, mit Ziegelsteinen gepflasterte Rampe trugen Maultiere die Kornsäcke in die hochgelegenen riesigen Speicher. Teile der Anlage werden noch heute bewirtschaftet, andere sind zu Wohnungen ausgebaut worden. Etliche Gebäudeteile sind von Gerüsten umgeben, Restaurierungen sind im Gang, auch wenn wir niemanden bei solchen Arbeiten sehen. Auf der Website granciadicuna.it kann man sich über das Restaurierungsprojekt informieren.

Vor dem Tor steht eine kleine Backsteinkirche aus dem 14. Jahrhundert, das Portal ist verschlossen. Wir klingeln bei der Wärterfamilie und ein freundlicher, älterer Herr schließt für uns die Kirchentür auf. Die Grancia war immer auch Pilgerstation und in der Kirche gibt es eine anschauliche

Darstellung des Jakobswunders: der Apostel Jakobus erhört das Flehen zweier Pilger, die unschuldig des Hühnerdiebstahls und anschließender Schlachtung der Tiere verdächtigt wurden. „So wenig wie diese Tiere wieder lebendig werden, entgeht ihr Diebe eurer gerechten Strafe durch Hängen", soll der Richter verkündet haben. Da flatterten die Hühner durch ein Fenster der Herberge ins Freie und die Pilger waren gerettet. Angeblich wird auf dem Jakobsweg noch heute das Fenster, durch das die Tiere geflogen sein sollen, als Beweis für das Wunder vorgeführt. Wie auch immer, die Fresken weisen darauf hin, was dem Pilger in der Fremde zustoßen kann.

Auf dem Weg nach Ponte d'Arbia passieren wir weitere Gutshöfe, einsam gelegene, festungsmäßig hochgebaute Wohnhauskomplexe, einmal auch umgeben von einem Säulengang. Diese mittelalterlichen Wohnformen sind unzweckmäßig aus heutiger Sicht; sie sind Denkmäler einer Zeit, in der „Landfrieden" und Sicherheit nicht selbstverständlich waren.

Die Via Francigena führt hier am westlichen Rand der Crete Senesi entlang. Große wüstenähnliche Flächen ohne Vegetation sind durchsetzt mit kleinen, weißen Hügeln, den Biancane, entstanden durch die Verwitterung von Tonmineralien. Landwirtschaftlich sind diese Gegenden nutzlos, sogenannte Badlands, aber ästhetisch sind sie ungeheuer reizvoll: fremde Welten, Einsprengsel des Nicht-Kultivierten in der zivilisierten Welt.

Wir überqueren die Arbia über die Römerbrücke, die dem Ort den Namen gegeben hat. Dahinter liegt unser Nachtquartier, ein zweistöckiges Wirtschaftsgebäude, von der Kommune zur Verfügung gestellt. Der Curator empfängt uns freundlich und erzählt, dass der Ort im Krieg von den vorrückenden Amerikanern vollständig zerbombt worden sei, aber die alte

Römerbrücke sowie die beiden Häuser an den Enden hätten standgehalten. Nach dem Krieg sei die Brücke verbreitert und so ihr antiker Charakter zerstört worden.

Am Abend essen wir in der Trattoria des Ortes einfach und gut: eine Dinkelsuppe und als zweiten Gang teilen wir uns eine Fiorentina, ein T-Bone Steak von enormer Größe, dünn geschnitten und gegrillt. Der Liter offener Wein kostet 6 oder 7 Euro, dafür bekommt man in Deutschland ein Viertel, wenn man Glück hat. Das Gegenstück zur erwartungsvollen, morgendlichen Aufbruchstimmung ist die abendliche Zufriedenheit, in der man nach der körperlichen Anstrengung des Tages und seinen Eindrücken zur Ruhe kommt. Die Müdigkeit ist wohltuend und macht keineswegs träge. Wir unterhalten uns an solchen Abenden immer sehr lebhaft.

Von Ponte d`Arbia über Buonconvento nach San Quirico d' Orcia

Der Morgen ist kühl und neblig; die neben unserem Quartier stehende, quadratische, dreistöckige Villa - aus Ziegel gemauert- wirkt im feuchten Dunst noch wuchtiger und beeindruckender als am Abend vorher. Die Atmosphäre erinnert an die Poebene, es gibt viele kleine Tümpel, Frösche quaken.

Alles ist grün, Italien war noch nie so grün wie in diesem Jahr, sagen die Leute. Den Zeitungen entnehmen wir, dass ein Frühsommer in den 50er Jahren ähnlich kühl und feucht war wie dieser. Für uns Pilger ist das nicht unbedingt ein Nachteil, wir kommen zügig voran, weil wir den ganzen Tag nutzen können, eine Hitzepause in der Mittagszeit ist nicht notwendig.

Auf kleinen Hügeln liegen die Höfe, die zu den Konditionen der Mezzadria verpachtet wurden. Der Gutsherr, der Padrone, stellte Land, Gebäude und Gerät und der Pächter hatte dafür die Hälfte des Ertrages abzuliefern. Der Padrone war bei diesem System mit im Risiko: schlechte Ernten, aber auch ineffizient wirtschaftende Pächter drückten seinen Gewinn. Die Mezzadria ist sowohl mittelalterliches Relikt wie Übergang in eine produktivitätsorientierte Agrarwirtschaft. Immerhin schaffte die Teilung des Ertrages Produktivitätsanreize für beide Seiten: der Padrone hatte Grund zu investieren und der Pächter Grund, effizient zu arbeiten und zu wirtschaften. Produktivitätssteigerungen hatten aber ihre Grenzen: die Mezzadri mussten von dem Hof zu den vereinbarten Konditionen leben können. Ab 1974 waren, entsprechend einem Gesetz von 1964, neue Mezzadria-Verträge nicht mehr erlaubt, die alten liefen aus.

Im wirtschaftlichen Aufschwung Italiens ab Mitte der 50er Jahre wanderten viele Italiener vom Land in die Stadt, von agrarischen hin zu industriellen Arbeitsplätzen. Bis in die Mitte der 70er Jahre hatten 90 % der Mezzadri ihre Höfe verlassen, sie zu erwerben hatten die wenigsten die notwendigen Mittel und viele Anwesen verfielen allmählich. Auch unser Weg führt uns an etlichen aufgelassenen Bauernhäusern vorbei, manche gut erhalten, von anderen steht nur die Fassade. In eines der gut erhaltenen gehen wir neugierig hinein. Im Erdgeschoss liegen Wirtschaftsräume und Stallungen, im ersten Stock bildet die Küche mit großem Kamin das Zentrum, von dem einzelne Schlafräume abgehen. Der Kamin dürfte normalerweise die einzige Heizquelle gewesen sein. Das Haus ist zwar offen, aber die Räume sind gepflegt, anscheinend wird es noch als Abstellmöglichkeit für landwirtschaftliches Gerät genutzt. Aber wir sind Eindringlinge, schauen uns nur kurz um, fühlen uns unbehaglich, weil wir hier nicht hingehören und gehen zügig weiter.

In der Toskana standen ca. 100.000 Anwesen zum Verkauf. Viele dieser Rustici genannten Landhäuser wurden von Engländern, Holländern, Deutschen in den 70er und 80er Jahren preiswert gekauft und zu Ferienhäusern ausgebaut. In Deutschland kam die Toskana mit ihrer gewerkschaftlichen und kommunistischen politischen Tradition bei Linksintellektuellen als Ferienlandschaft und politisch-kulturelles Sehnsuchtsziel in Mode – gewissermaßen auf der Suche nach dem revolutionären Subjekt, das in Deutschland nicht zu finden war. Der PCI (Partito Communista Italiana) war mit seinen Festa della Unita – den Festen der Parteizeitung- in der Volkskultur verankert. In der Toskana und in der weiter nördlich gelegenen Emilia-Romagna stellte die Partei viele Bürgermeister und führte die Stadtverwaltungen kompetent, wie etwa in Bologna über Jahrzehnte, aber gewiss nicht revolutionär.

Sanfte Hügel, lange Reihen dunkler Pinien und riesige Weizenfelder bestimmen das Landschaftsbild der zentralen Toskana. Wenn der Wind über die Felder streift, entsteht so etwas wie eine Dünung, das Getreide bewegt sich in langen harmonischen Wellen.

Inmitten der Weizenfelder stehen die Güter und Villen der Landbesitzer, der Padroni. Über ihnen liegt eine Aura von Einsamkeit, auch wenn Hunde an den - meist weit vom Weg zurück liegenden- Eingangstoren bellen und gelegentlich jemand den Innenhof durchquert.

Die Villen sind nicht verlassen, aber ihre einstige Funktion als Herrensitz und zugleich Zentrum landwirtschaftlicher Produktion haben sie verloren. Sie repräsentieren eine Vergangenheit, deren Hinterlassenschaft nicht mehr ausgefüllt werden kann.

Auf dem Weg nach Buonconvento kommt am späten Vormittag die Sonne durch den Nebel. Wir laufen eine Weile auf einer langgestreckten Schotterstraße, deren Seitenwege zu Landgütern führen. Heute früh sind wir nicht die einzigen Fußgänger, zwei junge Frauen in Sportkleidung kommen uns entgegen und am Horizont sehen wir einen kleinen schwarzen Strich, ein Wanderer, dem wir ganz allmählich näherkommen.

In Buonconvento schauen wir uns das Museo della Mezzadria an. Über die Lebensverhältnisse der damaligen Zeit sagen die begleitenden Texte mehr aus als die ausgestellten Geräte und Werkzeuge. Wozu diese dienten und wie damit umgegangen werden soll, muss uns erklärt werden und wir können nur staunen. Wie in der Mechaniker-Werkstatt in Fuccechio erinnern die Werkzeuge an ausgestorbene Tätigkeiten und Handwerke.

Die mittelalterliche Festungsanlage der Kleinstadt ist weitgehend erhalten. Buonconvento gehört zu den Ortschaften, die als „schönste Dörfer Italiens" ausgezeichnet worden sind. Es gibt mittlerweile zwar etliche solcher Wettbewerbe, aber man kann sich darauf verlassen, dass die Teilnahme eines Dorfes ihre Berechtigung hat. Im Frühjahr ist Buonconvento Start und Ziel einer Fahrrad-Rundfahrt durch die Toskana, der „Eroica". Teilnahmeberechtigt sind Rennräder der 70er und 80er Jahre im Originalzustand, lediglich neue Fahrradhelme sind erlaubt.

Wir rasten in einer Bar, die Pilger versorgt und Übernachtungsmöglichkeiten der Kirchengemeinde vermittelt. Mit dem Barista entspannt sich eine lebhafte Diskussion über den weiteren Weg. Er hält die offizielle Wegbeschreibung für unsinnig und beschreibt uns bei einem Panino und einem Glas Weißwein ausführlich eine alternative und kürzere Route. „Buonconvento ma cattivi fratri...", lacht er und erzählt uns zum Abschied, dass der bei Buonconvento im August 1313 verstorbene Heinrich VII, ein Jahr nachdem er zum Kaiser des Heiligen Römischen Reiches gekrönt worden war, von den bösen Brüdern – cattivi fratri- des Klosters vergiftet worden sei. Tatsächlich ist er wohl an der Malaria gestorben, zur großen Erleichterung seiner politischen Gegner.

Da wir es bis zu unserem Ziel Qurico di Orcia noch weit haben, nehmen wir die empfohlene, kürzere Route. Sie führt streckenweise an einer Strada Statale entlang, aber der Verkehr ist dünn und es gibt einen parallelen Fußpfad.

Unser Weg führt unterhalb des auf einem Hügel liegenden Weinortes Montalcino entlang, vorbei an den weiten Rebfeldern des Brunello di Montalcino. Brunello hört sich an wie eine eigenständige Traubensorte, ist aber ein Sangiovese. Durch ein geschicktes Marketing wurde der Wein ab den 80er Jahren in die jetzigen Höhen geschraubt, qualitätsmäßig und preislich: der Brunello wurde 1980 der erste DOGC Wein. Wir haben leider nicht die Zeit, in den Ort hinauf zu steigen und diesen Rotweinklassiker zu probieren.

Wie gut der Brunello di Montalcino sich verkauft, sehen wir an den vielen Lastwagen mit ausländischen Nummernschildern, die auf der schmalen Schotterstraße an uns vorbei brettern, um den Brunello in Europa zu verteilen.

Ich fotografiere und trödele, Bettina läuft voraus. Nach einer Weile kommt sie mir mit besorgtem Gesicht entgegen. Ich frage, ob wir uns verlaufen haben... Nein, meint sie, aber da laufen Hunde frei rum und vor denen habe sie nun mal Angst. Auch ich sehe jetzt zwei schwarze Rücken durch das Getreidefeld neben uns laufen. Das Feld ist zwar abgezäunt, aber am Ende steht ein Hoftor weit offen. Vorsichtshalber nehme ich einen Stein in die Hand. Da flitzen die beiden Rücken durch das Tor und hoppeln auf uns zu – zwei niedliche kleine Schweinchen, die neugierig an uns herumschnüffeln.

So entspannt verlaufen Begegnungen mit Hunden nicht immer. In einem Bergdorf im Apennin stand ich einmal einer ganzen Hundemeute gegenüber, die mir den Weg versperrte. Geholfen hat ein Stock in der Hand und ein aggressives Anbrüllen der Meute.

Von San Quirico d'Órcia und Pienza nach Radicofani

In San Quirico empfängt uns der Ortspfarrer Gianni, und dies mit einem Händedruck, bei dem auch meine nicht gerade zierliche Hand in seiner Pranke verschwindet. Don Gianni hat klare Regeln für das mittlerweile – wir nähern uns Rom – volle Pilgerquartier und sorgt sehr umsichtig für uns. Für ein paar Euro bekommen wir Bettwäsche, die wir mitnehmen können, das ist komfortabler als der Schlafsack und wir machen gern Gebrauch von dem Angebot.

Um 18 Uhr werden die neu angekommenen Pilger registriert, danach führt uns Don Gianni durch seine Pfarrkirche, errichtet im 12. Jahrhundert. Sein besonderer Stolz sind die Intarsienarbeiten des Chorgestühls. Für dessen Ornamente sind verschiedene Holzsorten unterschiedlich lange gelagert worden, teilweise über viele Jahrzehnte, um Färbungen in etlichen Abstufungen und Tönen zu erzielen. Wir bewundern mit Don Gianni eine Arbeit, die über Jahrzehnte hinweg geplant und ausgeführt wurde – welch eine Souveränität diese Menschen im Umgang mit Zeit hatten, welche Geduld und welch einen langen Atem.

Am nächsten Tag erfahren wir in Gesprächen in der Trattoria, dass Don Gianni versetzt werden soll. Die kleine Stadt trauert, er habe nicht nur die Pilger gut betreut, sondern auch eine sehr wertvolle Jugendarbeit gemacht, San Quirico werde ihn sehr vermissen. Aber so sind

die Regeln in der katholischen Kirche, da
helfen auch Eingaben und Briefe an den
Bischof nicht.

Wir bleiben zwei Nächte in der
Pilgerherberge, genießen einen Ruhetag und
machen einen Ausflug ins benachbarte Pienza.
Seit zehn Tagen sind wir zu Fuß unterwegs,
danach lässt sich der Komfort eines modernen
Verkehrsmittels wie eines Überlandbusses neu
erfahren. Es macht auch Spaß, die Landschaft
durch die Panoramascheiben des Busses an
sich vorbeigeschoben zu bekommen –
Landschaftskino eben! Und das bedeutet, es

wird nur ein Sinn angesprochen, statt aller, wenn wir zu Fuß unterwegs sind. Wir riechen nicht, wir hören nicht, wir schmecken nicht, wir spüren keinen Wind und keine Wärme - wir konzentrieren uns eine halbe Stunde ganz aufs Sehen! Der richtige Umgang mit Technik ist: weder routinemäßig und unter allen Umständen nutzen und noch zwanghaft verzichten. Wir genießen die Busfahrt.

Pienza war ein Architekturprojekt von Pius II (1405-1464) und er hat es in aller Bescheidenheit nach sich selbst benannt. Sein architektonischer Ehrgeiz war es, seine Geburtsstadt in eine „ideale Stadt" umzubauen. Pienza gilt als erstes Beispiel einer „humanistischen Stadtplanung": Ziel war es, eine die Stadt aus einem Guss zu schaffen, entworfen für die Bedürfnisse seiner Bewohner. Tatsächlich vermittelt die Anlage der Straßen und Plätze ein Gefühl von Stimmigkeit. Leichte Asymmetrien, wie etwa bei der zentralen Piazza, wirken dem Gefühl von Sterilität entgegen und immer wieder öffnen sich Ausblicke ins Orcia Tal. Von den Kirchen gefällt uns die Chiesa di S. Francesco in ihrer romanischen Schlichtheit am besten. Sie liegt ein paar Schritte außerhalb der Stadtmauern. Die Fresken im Inneren zeigen Szenen aus dem Leben des Hl. Franziskus.

Pienza ist Weltkulturerbe, so wie mittlerweile das ganze Val d`Orcia. Die Lage Pienzas auf einem Hügel öffnet den Blick über das Tal bis hin zu unserem nächsten Ziel -   nach Radicofani.

Von Quirico d`Orcia über Bagno Vignoni nach Radicofani

Wir brechen früher auf als sonst, vor uns liegt die längste Etappe auf dem Weg nach Rom mit einem steilen Anstieg am Ende. Zunächst führt der Weg steil bergab, auch San Quirico liegt auf einem Hügel. Unser Blick fällt auf die Dächer des unter uns liegenden Weilers Vignoni Alto: vier oder fünf aneinander gebaute Häuser, ein massiver Turm, der aber kein Kirchturm ist, sondern eine Art Speicher zu sein scheint. Wir spekulieren, wie wohl das Leben in solch einem kleinen Bergdorf sich anfühlen würde. Wie so häufig auf dieser Pilgerschaft fehlt die Zeit, einen Abstecher zu machen.

Aufgebrochen sind wir bei strahlender Morgensonne, aber bereits jetzt, am immer noch frühen Vormittag, entwickelt sich ein Gewitter über uns. Wir schauen zunächst noch entspannt, dann aber immer ängstlicher in den Himmel. Schwarze Wolken türmen sich und wandern genau in unsere Richtung. Es geht weiterhin steil bergab und wir fallen in einen Laufschritt, um uns nach Bagno Vignoni zu retten. Windböen kommen auf. Natürlich haben wir auch Angst vor Blitzen, aber zu Beginn unseres Pilgertages durchnässt zu werden, wäre schon arg. Insbesondere nasse Schuhe sind so schnell nicht zu trocknen.

Wir erreichen Bagno Vignoni und stürzen in die Bar des kleinen Ortes. Hinter uns senkt sich eine Sturzflut wie ein Vorhang. Wir haben wirklich Glück gehabt und fühlen uns großartig. Nach einer knappen Stunde ist die Sintflut vorbei und das Wasser in dem großen Thermalbecken in der Mitte des Badeortes dampft, weil kalter Hagel hineingeschlagen ist. In der Mitte des Beckens schwebt ein Motorrad, Ducati präsentiert ein neues Modell, als ob man damit übers Wasser fahren könnte.

Mit uns hat ein anderer deutscher Pilger die rettende Bar erreicht. Er läuft den ganzen Weg des Abtes Sigerico und ist in Canterbury gestartet. Er braucht für den gesamten Weg nicht länger als wir für den italienischen Teil, er läuft 50 km am Tag. In England und Frankreich werde die Via Francigena nicht weiter gepflegt, erzählt er, die gute Ausschilderung in Italien habe ihn überrascht. Wir bewundern seine sportliche Leistung, aber so verstehen wir unseren Pilgerweg nicht. Ein solches Tempo ist genau das, was wir nicht wollen, allerdings auch nicht schaffen würden. Wir wollen Zeit haben, uns umschauen können, Gespräche führen, Landschaften, Städte und auch Kunst auf uns wirken lassen. Marathon läuft man, wenn man am Ziel Siegesnachrichten zu verkünden hat. Wir haben nichts zu verkünden.

Nach Radicofani laufen wir durch die Landschaft des Val de Orcia auf Feld- und Wirtschaftswegen parallel zur Via Cassia, der heutigen Strada Statale 2, die bis ins Mittelalter gut erhalten gewesen sein soll. Das Val de'Orcia ist kein eng geschnittenes Tal, sondern eine harmonische Hügellandschaft, die von mehreren kleinen Flüssen durchzogen wird. Vor dem Aufstieg nach Radicofani - den markanten Bergfried der Festung des Ortes haben wir seit Stunden vor Augen- kreuzen wir die Via Cassia und entscheiden uns, durch ein

Flussbett zu laufen. So können wie dem
Verkehr auf der SS2 entgehen. Vor der
Abzweigung hoch nach Radicofani rasten wir
an einer Tankstelle mit angeschlossener Bar.
Es ist kühl geworden, aber in der Bar fühlen
wir uns nicht wohl. Der Raum wirkt ganz
unitalienisch muffig und wir trinken unseren
Cappucino lieber im Freien.

Wir hatten gehört, dass in der Gegend viele
Sarden leben, die Schaftzucht betreiben. Einer
von ihnen sitzt am Nebentisch und wir
kommen ins Gespräch, zunächst über ein
Attentat von Islamisten in London. Aber
eigentlich interessiert ihn das nicht sonderlich,

das Heimweh nach Sardinien bricht aus ihm heraus: „La gente ha rispetto, e buon educato, lavora …" die Menschen gehen respektvoll miteinander um, sie sind gut erzogen, arbeiten…so seine Klage, und das darin eingeschlossene Gefühl, dass es nur in Sardinien so sei. In der Toskana ist er fremder als wir es sind…

Der englische Soziologe David Goodhart unterscheidet zwischen Somewheres und Anywheres: die Somewheres fühlen sich mit Heimat, Menschen und Gebräuchen ihrer Mit- und Umwelt verbunden und sind wenig mobil. Die Anywheres beziehen ihre Identität eher aus intellektuellen Überzeugungen, ihre Freundeskreise sind verstreut, sie sind mobil und leben ohne besonderen Bezug auf einen heimatlichen Raum. Den Sarden am Nachbartisch hatte es in eine fremde Welt verschlagen, der er sich nicht zugehörig fühlte – ein Somewhere im Anywhere… ein Migrant im eigenen Land.

Der Aufstieg nach Radicofani am Ende unseres Pilgertages ist lang und anstrengend. Wir gehen die Straße entlang, es gibt kaum Verkehr, Hinweisschilder bitten darum, auf Fußgänger Rücksicht zu nehmen. Mehrere Autos halten vor einer der vielen Schafweiden, einige Männer stehen gestikulierend vor einer Herde. Vermutlich werden Kaufverhandlungen geführt.

Radicofani ist aus Vulkangestein erbaut und erinnert mich in seiner Düsternis an Dörfer der Vulkaneifel. Aber die bedrückende Atmosphäre löst sich auf, als uns auf der Hauptstraße eine ältere Signora anstrahlt und fragt, ob wir die Pilger sind, die Don Gianni schon angekündigt hat. Signora Morena führt uns zu unserer Unterkunft, die von der „Fraternita degli Ospitalieri di Santiago, Roma e Gerusalemme" betreut wird. Diese Bruderschaft der Gastgeber ist 2009 gegründet worden und hat sich der Betreuung von Pilgern auf der Via Francigena verschrieben. Die Brüder dieses Laienordens lösen sich in den von ihnen geleiteten Unterkünften in einem etwa sechswöchigen Rhythmus ab, so dass die Quartiere von Mai bis Oktober für Pilger mit Credenziale geöffnet sind.

Wir sind einen Tag zu früh und Signora Morena bedauert, dass die Brüder erst morgen in Radicofani eintreffen werden. Bis dahin wird die Unterkunft von der Misericordia Radicofani, also der örtlichen Caritas, verwaltet und ist für Pilger geöffnet. Die Unterkunft ist eine der schönsten bisher, wir freuen uns über die mit viel Stilgefühl eingerichteten gekalkten Räume und fühlen uns wohl und angenommen, auch wenn die eigentlichen Gastgeber noch gar nicht anwesend sind.
Signora Morena führt uns in die Unterkunft, und wir kommen auch ins Gespräch über Kriegsereignisse. Die Deutschen hätten sich korrekt benommen, erzählt sie, hätten geklopft und allenfalls nach Essen gefragt. Zumindest die Fronttruppen der Alliierten aber hätten gehaust und sich mehr genommen als nur die Pasta... man hätte nicht gewusst, wie man sich richtig verhalten sollte - „belli liberatori" schöne Befreier...resümiert sie die Ereignisse, so wie sie in Radicofani ganz unpolitisch erlebt worden sind.

Da wir nicht darauf eingerichtet sind, in der Unterkunft zu kochen, kehren wir in eine der Trattorien des Ortes ein. Das Paar am Nachbartisch erkennt uns als Pilger und wir können, da die beiden ebenfalls als Pilger unterwegs waren, Erfahrungen austauschen. Sie interessieren sich vor allem dafür, wie man als Fußgänger lebend nach Rom hinein kommt. Die Ringautobahn um Rom, der Grande Raccordo Anulare, bietet in der Tat kaum Fußgängerwege oder -überwege, das ist uns bei der Planung schon aufgefallen. Wir tauschen Mail-adressen aus und versprechen, zu berichten. Als wir zahlen wollen, ist das Paar bereits gegangen. Die Rechnung sei beglichen, sagt die Bedienung – wir sind eingeladen worden, diskret und so, dass wir uns nicht wehren konnten.

Von Radicofani auf der Via Cassia nach Aquapendente

Am nächsten Morgen führt uns der Ortspfarrer Don Elia durch seine Pfarrkirche. Die Kirche ist von den Templern im 11. und 12. Jahrhundert erbaut, die Fassade romanisch, das Innere eher gotisch. Das Besondere der Kirche, erzählt Don Elia begeistert, ist ihre Akustik. Es gibt keinerlei Nachhall in den Gewölben, deshalb werden häufig Konzerte hier aufgenommen. Der bauliche Grund für die ausgezeichnete Akustik sei vor allem, dass die Säulen des Mittelschiffes kaum wahrnehmbar geneigt seien.

Don Elia begleitet uns noch auf einem Rundgang durch Radicofani, und wir genießen den weiten Blick über das Val d`Orcia. Aus den Berghängen steigen an mehreren Stellen kleine weiße Wolken hoch, Abdämpfe der Geothermie-Kraftwerke, erklärt unser priesterlicher Führer. Nach den zahlreichen Bohrungen hier seien übrigens die Erdstöße seltener geworden, als wären Spannungen im Untergrund dadurch abgebaut worden.

Die Wolken hängen tief über den Hügeln, als wir nach Aquapendente aufbrechen, und einige sehen bedrohlich dunkel aus. Aussuchen kann man sich das Wetter nicht als Pilger, das unterscheidet uns von einem Spaziergänger oder Wanderer, der auch einfach zu Hause bleiben kann. Auch wir könnten natürlich um Unterkunft für eine weitere Nacht bitten und die Bitte würde sicherlich gewährt, aber wir hatten schon in San Quirico einen Ruhetag und zudem: wir haben ein Ziel!

Der Weg zur Via Cassia zurück, die wir für den Aufstieg nach Radicofani verlassen haben, führt steil bergab. Wir laufen durch eine karge Hügellandschaft; flache Hänge werden als Schafweiden genutzt, dazwischen liegen offenlehmige Hangabbrüche. Bei starkem Regen erreichen wir die Via Cassia. An der T-Kreuzung stehen drei, vier Häuser und glücklicherweise gibt es eine Bar. Wir haben etwa die Hälfte des Weges nach Aquapendente geschafft, aber jetzt weiter zu laufen, würde bedeuten, dort völlig durchnässt anzukommen. Zum Namen der Stadt – hängende Wasser – würde das immerhin passen. Der Name leitet sich von den zahlreichen Wasserfällen der Gegend ab.
Wir fragen die Barista nach einem Busfahrplan, sie erklärt uns, der einzige Bus, der am Samstag

fährt, komme in etwa zwei Stunden. Den Weg
zur Haltestelle könnten wir uns sparen, die
Linie hänge dort nicht aus. Wir haben Zeit für
eine ausgiebige Rast in der kühlen Atmosphäre
dieser Bar. Wir lesen, machen uns Notizen,
essen eine Kleinigkeit.

Wie schon auf dem Weg nach Pienza genießen
wir die Busfahrt und diesmal auch den Blick
aus dem Trockenen in die regenverhangene
Landschaft. Von der Haltestelle des
Fernbusses in Aquapendente geht es durch
enge Gassen zu unserer Unterkunft. Während
in anderen Städten der Verkehr in den alten
Zentren oft schon eingeschränkt ist, ist hier

alles für den Autoverkehr offen und wir
müssen ständig in Hofeinfahrten und
Hauseingänge ausweichen. Unser Quartier
sind verwinkelte enge Räume in einem
Pfarrhaus. Die Haushälterin des Pfarrers
empfängt uns freundlich, und schaut sich
unsere Pilgerpässe an. Sie schimpft, es würden
sich immer mehr Gäste anmelden, die im
Leben keine Pilger seien und der Pfarrer
nähme alle auf. Aber für die Aufnahme von
Obdachlosen seien andere zuständig...

Tatsächlich trifft nach uns eine Gruppe von
Radfahrern ein, die den Platzmangel in der

ohnehin engen Unterkunft noch verschlimmern. Abgesehen davon, dass wir Radfahrer nie als Pilger angesehen haben, scheint die Gruppe eher eine Art Sportverein zu sein. Auch zu ihrem nächsten Ziel auf der Via Francigena können die cyclisti nichts sagen, was unseren Verdacht bestätigt, ebenso wie den Ärger unserer ospitaliera, der Pfarrhaushälterin. In seinem Blog zur Via Francigena geht Franco Cinti – Autor eines Führers zur Via Francigena - auf dieses Phänomen in etwa gleicher Weise ein wie die erboste Pfarrhaushälterin: Pilgerpässe würden viel zu leicht vergeben und das Motiv vieler Pilger sei eher, preiswert Urlaub zu machen.

Diese Radfahrern waren auf unserem Weg allerdings die einzigen, die wir in die Kategorie der „Pseudopilger" einordnen konnten. Und Marco, den wir in dieser Unterkunft wieder trafen, meint, die Kirche solle sich doch freuen, dass sie auf diese Weise Kontakt mit den Menschen bekäme.
Den Pfarrer bekommen wir allerdings nicht zu Gesicht, er mag mit der Vorbereitung der Sonntagsmesse beschäftigt gewesen sein.

Wie üblich bekommen wir eine Empfehlung für eine Trattoria, die ein Pilgermenü anbietet. Die ist dann aber durch eine samstägliche

Hochzeitsgesellschaft belegt. Wir irren ein wenig durch die Gassen, den Blick immer mal wieder nach oben richtend, erwarten wir den nächsten Regenschauer. Am Rande der Innenstadt findet sich dann eine einfache Trattoria, in der auch am Samstagabend noch einige Tische frei sind. Die Suche hat sich gelohnt, nicht nur wegen des Essens: es bedient uns eine junge Kellnerin von berührender Schönheit. Ich sehe gelegentlich auf dieser Wanderung junge Frauen, deren Gesichtszüge wie aus einer anderen Zeit stammen: auf ihnen liegt eine von innen leuchtende Freundlichkeit, von der man gar nicht weiß, womit man sie verdient hat.

IX.   In Latium

Von Aquapendente über San Lorenzo Nuovo
nach Bolsena

Am Sonntagmorgen wollen wir, bevor wir nach Bolsena aufbrechen, einen Blick in den Dom werfen, aber so früh ist das Gotteshaus noch geschlossen. Der Dom enthält eine Nachbildung des heiligen Grabes in Jerusalem, sozusagen für die Pilger, die es soweit denn doch nicht schaffen.

Immerhin ist die Bar neben dem Dom geöffnet und wir können uns dort bei einem Cappuccino erklären lassen, was es mit den großen Blumenbildern auf sich hat, die auf der Piazza ausgestellt sind. Die Aquaner nennen diese Bilder „Pugnaloni", erklärt uns der Barista und sie entstehen in einem Wettbewerb der einzelnen Stadtviertel. Es sind große Blumenbilder, etwa im Format 2,5 mal 3,5 Meter, die von verschiedenen Gruppen in der Stadt gestaltet werden. Die etwa 20 Gruppen kämpfen um den Titel des schönsten Bildes, zumeist mit religiösen Motiven. Eine Jury, gebildet aus Honoratioren der Stadt, bestimmt den Sieger. In diesem Jahr habe die Gruppe Torre S. Marco gewonnen.

Die Erinnerungen an den diesjährigen Wettbewerb sind noch frisch: die Bilder werden am 3. Sonntag im Mai durch die Stadt getragen und dann auf der Piazza del Duomo ausgestellt. Heute ist der 4. Maisonntag. Gefeiert wird das Fest der Madonna delle Fiore, die der Legende nach den Aquanern im Jahr 1166 durch einen vorzeitig blühenden Kirschbaum den Mut und das Signal zum Aufstand gegen Kaiser Friedrich Barbarossa gegeben haben soll. Wir wundern uns ein wenig über diese politisch-kriegerische Parteinahme der Madonna, und unser Barista grinst: das alles sei ein wunderbares Spektakel und halte die Stadt zusammen.

Wir erinnern uns an Fiorenzuola, an Fuccechio, an Siena: diese innerstädtischen Wettbewerbe, die zum Teil erst in den letzten Jahrzehnten wiederbelebt worden sind, scheinen uns ein friedlicher Nachhall der Familienfehden des Mittelalters zu sein. Ihren deutlichsten architektonischen Ausdruck haben diese Kämpfe in den Geschlechtertürmen von San Gimignano und anderen Städten gefunden. Interessant ist auch, dass noch in den 20er Jahren des vorigen Jahrhunderts in Aquapendente Familien gegeneinander antraten: heute sind die

Stadtteile die Träger des Wettbewerbs. Dies dürfte ein wesentlicher Schritt zur „Versportlichung" und zur Entschärfung von Rivalitäten gewesen sein.

Nach dem gestrigen Regentag genießen wir die Morgensonne und wandern über die Via Cassia Richtung Bolsena. Die Agrarlandschaft hier ist eher kleinteilig, kleine Äcker, Olivenhaine, Weizenfelder, Wäldchen – alles geht ineinander über, ist kaum abgegrenzt gegeneinander. Eine dichte und angenehm ungeordnete Nutzung dieses sanften Hügellandes.

Bevor wir den See in den Blick bekommen, rasten wir an diesem Sonntagvormittag in San Lorenzo Nuovo und genießen die Sonntagsstimmung bei einem Glas Weißwein, mit Blick auf den Dom und den achteckigen Domplatz. Die Glocken läuten, Menschen eilen auf das Domportal zu und wir fragen uns, warum dieser keineswegs neu wirkende Ort den Beinamen Nuovo trägt. Ein freundlicher Herr am Nachbartisch klärt uns auf (ansonsten hätte auch die italienische Wikipedia geholfen): vor ca. 300 Jahren gab es in dem ursprünglichen San Lorenzo eine Malariaepidemie. Vermutlich nicht zu Unrecht wurde dies auf die schlechte sumpfige Lage des Ortes zurückgeführt und man beschloss die Umsiedlung auf den Hügel über dem See. Das neue San Lorenzo wurde von einem römischen Architekten geometrisch angelegt und der alte Ort niedergebrannt, um eine Wiederbesiedelung zu verhindern.

Der Lago di Bolsena ist eine Überraschung, wie er so vor uns liegt. Ich hatte mit einer dichten touristischen Nutzung des Ufers gerechnet, so nahe an Rom und einen übersiedelten und überlaufenen Uferstreifen erwartet. Nichts davon – sobald wir den See ganz überblicken können, fällt uns lediglich ein Campingplatz auf. Eine Bebauung bis zum Ufer gibt es nur im Ort Bolsena und auf der gegenüberliegenden Seite mit Capodimonte.

Vereinzelt stehen Villen und Höfe in Ufernähe. Der See ist vulkanischen Ursprungs, eine Senke nach Ausbrüchen vor ca. 300.000 Jahren. Da er nur durch Grundwasser gespeist wird, erneuert sich das Wasser rechnerisch etwa alle 120 Jahre; dennoch ist das Wasser, wie wir uns am Ufer in Bolsena überzeugen können, klar und sauber. Unser Weg führt auf halber Höhe entlang des den See umschließenden Kraterrings. In Bolsena steigen wir durch enge und zum Teil überbaute Gassen hinunter ins Zentrum. Unsere Unterkunft ist das Kloster, zentral am Domplatz gelegen. Die Gassen sind voller Menschen, viele in geistlicher Tracht, viele Nonnen.

Bolsena ist die Stadt des Eucharistischen Wunders: im Jahre 1263 soll der Priester Peter von Prag, auch er ein Pilger auf dem Weg nach Rom, beim Brechen des Brotes Blutstropfen an der Hostie entdeckt haben, einige Tropfen fielen auch zu Boden. Dieser Beweis für die Transsubstantion, die Umwandlung des Brotes in Fleisch und Blut Christi, soll die Glaubenszweifel des Priesters aufgelöst haben. Die beiden Reliquien werden getrennt aufbewahrt, die Marmorplatte im Dom von Bolsena, die Hostie im Dom von Orvieto. Dieses Ereignis ist der Ursprung des katholischen Fronleichnamsfestes.

Wir klingeln an der Pforte des Konvents, wir hatten uns diesmal telefonisch angemeldet. Uns öffnet eine kleine leicht gebückt gehende Schwester und erklärt uns mit einem seligen Lächeln, dass wir ausgesprochenes Glück haben. In diesen Tagen sind, anlässlich der 750jahrfeier des Blutwunders beide Reliquien in Bolsena. Wer an der Wallfahrt teilnehme, könne eine vollständige Vergebung seiner

Sünden erlangen, mithin direkt ins Paradies kommen. Diese tiefe Glaubenssicherheit ist berührend, gerade auch wenn man sie so nicht teilen kann oder will.

Am Abend versammelt sich dann eine Gemeinde vor der Basilika di Santa Christina und unter Fahnenschwenken wird die Rückführung der Reliquie nach Orvieto eingeleitet. Wir gehen anschließend in einer kleinen Runde von Mitpilgern in eine Trattoria, um zu Abend zu essen. Besonders schmackhaft: kleine frittierte Fische aus dem See. Marco, den wir hier wiedergetroffen haben, gibt auch seine Version des Blutswunders zum Besten: der Priester habe sicher Spaghetti mit Tomatensoße gegessen, und daher rührten die Tropfen. Tatsächlich gibt es auch plausiblere Erklärungen für Verfärbungen einer Hostie – bei feuchter Lagerung kann ein bestimmtes Bakterium eine Rotfärbung bewirken.

Von Bolsena entlang des Sees
nach Montefiascone

Die Via Francigena verläuft oberhalb der Via Cassia weiter auf etwa halber Höhe der den See umschließenden Volsiner Berge. Es geht leicht auf und ab, auf Feld- und Wirtschaftswegen, so wird die viel befahrene Via Cassia vermieden. Von den höheren Punkten des Weges aus sind jetzt auch die beiden im See liegenden Inseln gut zu erkennen, die Isola Martana und die Isola Bisentina. Letztere wurde von der römischen Kurie ab etwa 1400 für ein Jahrhundert als Sommerresidenz genutzt, gewissermaßen das spätmittelalterliche Castel Gandolfo.

In diesem feuchten Frühjahr wächst und blüht alles sehr üppig. Wir wandern auf einem schmalen Pfad durch ein in voller Blüte stehendes Kleefeld, als ob wir ein purpurnes Meer durchschwimmen. Rapsfelder, Olivenhaine, Weinstöcke wechseln ab.

Höhepunkt des Weges ist ein erhaltenes Stück der antiken Via Cassia, die damals anscheinend höher am See entlanggeführt wurde als heute. Eine Tafel informiert uns, dass der Legende nach im Jahr 1222 der Heilige Franziskus zusammen mit seinem Mitbruder Morico auf diesem Weg barfuß nach Rom ging. Und Pilger aus aller Welt würden dieses Stück des Weges auf dem antiken römischen Basalt ebenfalls unbeschuht gehen, zu Ehren des Heiligen, des Schutzpatrons von Italien.

Wir ziehen unsere Schuhe zwar nicht aus, aber es mangelt uns nicht an Bewunderung für die römischen Straßenbauer, und natürlich auch nicht an Ehrfurcht vor dem Heiligen, dessen Leben und Wirken ja gut belegt sind. Wir wundern uns selbst ein wenig über die Faszination, die von diesen Basaltplatten ausgeht – Zeugnisse eines untergegangenen Imperiums, dessen Sprache, dessen Rechtsvorstellungen, dessen Literatur und auch dessen Straßen uns noch durch die Jahrtausende prägen.

Zur Faszination mag auch beitragen, dass dieses und andere Stücke der antiken Straßen nicht museal aufbereitet sind, quasi als Archäologiepark, sondern diese Steinquader einfach zwischen Feldern und Olivenhainen da liegen, seit zwei Jahrtausenden, und heute noch von Treckern befahren und Pilgern begangen werden.

Wir rasten bei einem Brunnenbecken, bevor der Aufstieg nach Montefiascone beginnt. Ein Schild informiert uns, dass von hier noch 100 Kilometer bis nach Rom zu laufen sind. Diese 100 Kilometer sind die Mindestentfernung, die ein Pilger zurücklegen muss, um in Rom als Pilger anerkannt zu werden und den Ablass zu bekommen. Fünf Tage werden wir für unseren Weg nach Rom noch brauchen, und eine gewisse Erschöpfung können wir nicht leugnen.

So brauchen wir nach dem Aufstieg ins Zentrum von Montefiascone eine weitere Rast und treffen, oben angelangt, auch unseren Pilgerfreund Marco, der sich in der „Gipfelbar" bei einem Glas Wein regeneriert. Er geht wohl

etwas langsamer als wir, aber er beginnt seinen
Tag morgens früher. Wir sind zufrieden, dass
wir in dem kühlen Wetter auch mittags laufen
und so unser relatives Langschläfertum
pflegen können.

Ein junger Mann am Nebentisch erkennt uns
als Pilger und spricht uns an. Er ist Student und
besucht für einige Tage seine Mutter in
Montefiascone. Stolz auf seine Heimatstadt
empfiehlt er uns einen weiteren Aufstieg zum
Rocca di Papa, von dem aus man einen
ausgezeichneten Blick über den See habe. Wir
zögern, sind tatsächlich etwas angeschlagen,
auch weil wir beide leicht erkältet sind. Aber
Leonardo lässt nicht locker und macht einen
unwiderstehlichen Vorschlag: wir sollten
wieder absteigen zur Kirche San Flaviano und
dort würde er uns mit seinem Wagen abholen.

S. Flaviano war und ist das eigentliche
Pilgerziel in Montefiascone, wichtiger als der
Dom, ein düster wirkender Bau aus
Tuffsteinblöcken. Im 11.Jahrhundert erbaut,
lag die Kirche an der Kreuzung mehrerer
Römerstraßen. Auch verschiedene
Pilgerstraßen, die von Norden kommen,
laufen hier zusammen. S. Flaviano ist eine der
ungewöhnlichsten Kirchen Italiens. Der
Kernbau, errichtet an einer Stelle, wo sich ein
etruskisches Heiligtum befunden hat, ähnelt

der Grabeskirche in Jerusalem. Das Innere wirkt düster und die üppige Freskenausstattung ist auch mit der einschaltbaren Beleuchtung nicht wirklich zu genießen; nur wenige der Fresken sind gut zu erkennen. Deutlich ist das Bild dreier mittelalterlich gut gekleideter Damen, die sich zwei Skeletten zuwenden; eines trägt einen Baum in der Knochenhand. Die Damen wirken keineswegs ängstlich oder erschrocken, sehen sie den Tod als Tor zum Paradies? Der Baum könnte dies symbolisieren, wir können es nur vermuten.

In einer Seitenkapelle befindet sich das Grab des Johannes de Fug, der in Montefiascone nach seiner Rückkehr aus Rom im Jahr 1113, wo er die Krönung Heinrichs V. erlebt hatte, verstorben ist. Den Grund kann man auf der entzifferbaren Inschrift der Grabplatte ersehen: ein Übergenuss des hiesigen Weines Est!Est!Est! Der war es…

Mit Leonardo fahren wir dann hoch auf den Rocca di Papa, den höchsten Punkt des Ortes. Unser Blick geht weit über den See und noch einmal bin ich verblüfft, dass der Vulkankrater bis an die Ufer überwiegend landwirtschaftlich genutzt wird. Eine kluge Politik hat in diesem Fall die Zersiedlung und eine kurzsichtige

touristische Ausbeutung der Landschaft
verhindert.

Leonardo fährt uns noch zu dem Konvent, in
dem wir übernachten wollen. Eine freundliche
und lebhafte Gastgeberin empfängt uns. Wir
sind diesmal in einem großen Haus
untergebracht, sie betreut auch ganze
Jugendgruppen, erklärt sie uns, das Haus habe
140 Zimmer. Am Abend schlägt sie vor,
gemeinsam eine Pizza essen zu gehen, sie
kenne eine hervorragende Pizzeria.
Zusammen mit Marco und Franco, einem
Sizilianer, landen wir in einem einfachen Lokal
am Stadtrand. Die Unterhaltung dreht sich
unter anderem um den italienischen
Nationalcharakter: sie seien keine „persone
serie", sagt Franco, keine verlässlichen
Menschen und hätten Angst vor jeder

Veränderung. Ich erkläre mal wieder, dass sie diese Selbstverachtung und auch Angst mit vielen Deutschen gemeinsam hätten. Einen wirklichen Grund für beides sähe ich weder für seine noch für meine Nation...

Der Padrone fragt, als die Vorspeisenteller leer sind, ob er jetzt die Pizza in den Ofen schieben solle. Nach wenigen Minuten kommt sie frisch, heiß und in Viertel geteilt auf den Tisch, angerichtet auf Papierservietten. Sie ist genau so wie Pizza sein sollte und wie man sie selbst in Italien nicht oft findet: ein dünner knuspriger und an den Rändern leicht angebrannter Teig, der auf keinen Fall überladen sein darf.

Von Montefiascone auf der via Cassia nach Viterbo

Am nächsten Morgen kommt früh die Sonne durch die Wolken und wärmt den regenfeuchten Boden. Es wird schnell schwül, aber der Weg aus Montefiascone hinaus ist so abschüssig wie der Aufstieg steil war und so kommen wir nicht schon am Morgen ins Schwitzen. Es geht durch Weizenfelder und

Olivenhaine, wir genießen die weiten Ausblicke über die sanften Höhen Latiums.

In der Ferne leuchten einige Quadrate von Raps hell und gelb, und dicht gewachsener roter Mohn durchzieht Brachland und Felder. Die Silhouette von Montalcino lassen wir hinter uns und laufen wieder auf den Basaltplatten der antiken Via Cassia. Hier haben wir nicht nur wenige Meter dieser römischen Straße vor uns, wie zwischen Bolsena und Montefiascone, wir genießen diesen 2000 Jahre alten Weg fast eine Stunde lang. Vielleicht ist dies das längste erhaltene Stück einer römischen Straße in Italien.

Die Cassia endet in einem Dorf, und die letzten Meter dieser Straße des römischen Imperiums dienen als Zufahrt zu den ersten Häusern. Ein Fiat Panda hoppelt über die Basaltplatten, auf denen einst die römischen Legionen marschierten und biegt in eine Einfahrt ein.

Wir haben zu wenig Wasser mitgenommen und bitten einen Mann, der in seinem Garten arbeitet, unsere leeren Flaschen aufzufüllen. Damit will er uns aber nicht abspeisen, drückt uns zwei große Flaschen Mineralwasser in die Hand und fragt, wohin wir gehen. Wir wollen von der Via Francigena einen kleinen Abstecher zu den warmen Thermalquellen des Bagnoccio machen und er beschreibt uns den Weg. In seiner Jugend hat er mit einer Gruppe von Freunden die Quellen und ihre Umgebung gepflegt und schimpft jetzt auf die korrupte Stadtverwaltung, die die Anlage verkommen lässt. Gli Italiani sono coglioni, beschimpft er seine Landsleute mit einem ziemlich deftigen

Ausdruck. Dieser italienische Selbsthass begegnet uns desto öfter, je weiter wir nach Süden kommen.

Was die Thermalbecken des Bagnoccio angeht, hat der Mann mit seiner Klage leider recht: die Umgebung ist ungepflegt, Katzen streunen und betteln um Futter, Abfall liegt verstreut herum. Wir hatten uns auf ein Bad gefreut, eine traditionelle Pilgererfrischung, haben aber keine Lust, in dieser Umgebung in das kalktrübe Wasser zu steigen. Wir rasten kurz und gehen weiter. Bei einer späteren Wanderung habe ich allerdings gehört, dass die Becken und ihre Umgebung mittlerweile wieder in einem gepflegten Zustand seien.

Viterbo betreten wir durch die Porta Fiorentina, die den von Norden kommenden Verkehr aufnimmt. Hinter dem Stadttor wartet schon Domenico auf uns, unser Gastgeber in der Pilgerunterkunft. In seiner abgetragenen Jeans, dem weiten, braunen Pullover und den grauen Wuschelhaaren wirkt er wie ein Arbeiter im Weinberg des Herrn. Er hatte uns am Telefon angeboten, uns abzuholen, weil die Unterkunft nicht so leicht zu finden sei. Er führt uns zu einem etwa 6 Meter hohen Wehrturm, der in die hier gut erhaltene Stadtmauer eingefügt ist.

Unser Quartier ist ein Durchgangszimmer und Domenico erklärt uns, dass er noch eine Gruppe bayerischer Pilger erwarte, die wir dann an uns vorbei in ihren Schlafsaal passieren lassen müssten. Unter Pilgern, erklären wir, sei das kein Problem, wir haben ja kein Hotel gebucht.

Von unserem Zimmer im Obergeschoß geht ein weiter Blick in die Landschaft der südlichen Toskana, auch der alte Begriff Tuscien für diesen Landstrich ist noch in Gebrauch. Der Raum innerhalb der Stadtmauer ist keineswegs lückenlos bebaut: auch auf der Stadtseite der Mauer sehen wir kleine ockerfarbene Äcker, dunkelgrüne Olivenhaine und einzelne freistehende Bruchsteinhäuser.

Viterbo besitzt mit seiner Altstadt – das Viertel heißt San Pellegrino – einen ausgezeichnet erhaltenen mittelalterlichen Stadtkern. Wir können uns am Morgen Zeit für einen ausführlichen Spaziergang durch Viterbo lassen. Unser nächstes Ziel Vetralla werden wir in gut vier Stunden erreichen.

Wir schlendern in der milden Morgensonne durch die schmalen Gassen von San Pellegrino, entdecken kleine Innenhöfe und Loggien; anscheinend bewohnte Brücken überwölben die Gassen.

Eine Frau gießt die Blumen vor ihrem Fenster und wendet sich uns zu. Wir grüßen, sie schenkt Bettina eine Rose und erzählt ihre Geschichte: Santa Rosa ist die Schutzheilige der Stadt, eine junge Frau, die im Hochmittelalter lebte und flammende Reden hielt gegen Kaiser und Ketzer. Sie aß wenig, starb jung (1232-1252) und obwohl die römische Kirche von einer Heiligsprechung nichts wissen wollte, machten die Viterbeser sie zu ihrer Stadtpatronin. Im 17. Jahrhundert wurde ihrem Wirken das Ende einer Pestepidemie zugeschrieben. Seitdem wird Santa Rosa alljährlich am 9. September mit einem phantastischen Fest gefeiert: eine riesige Turm-Skulptur mit einer Figur der hl. Rosa auf der Spitze wird von 100 Männern durch die engen Gassen der Altstadt getragen. Ihr mumifizierter Leichnam ist in der Wallfahrtskapelle Santa Rosa aufgebahrt. Bettina bedankt sich für die Rose, die wir jetzt in ihrer Bedeutung für die Schenkende und für die Stadt verstehen.

Die Städte in Italien haben alle ihren Schutzpatron und das größte Stadtfest des Jahres ehrt diesen Heiligen, Märtyrer oder auch einfach frommen Menschen. So wird der Glaube an das Jenseits in der Gegenwart gehalten und zugleich das Diesseits gefeiert. Wir allerdings verzichten auf einen Besuch bei der Stadtpatronin und lassen uns von der frommen Rosenverschenkerin noch den Weg zum Papstpalast erklären.

Viterbo war Papstresidenz von 1257 bis 1281. In dieser Zeit wurde der „Palast der Päpste" von der Kommune errichtet, wohl auch, um die Bedeutung der Stadt zu sichern und erhöhen. Wir besichtigen die Loggia des Palastes, einen eleganten und stilsicher restaurierten Saal, in dem die bislang längst dauernde Papstwahl stattfand. Es dauerte 1005 Tage, bis sich die zunächst 20, am Ende noch 16 Kardinäle geeinigt hatten. Um den Prozess voranzutreiben wurden die Kardinäle schließlich nur noch mit Brot und Wasser versorgt und am Ende sogar dem Wetter ausgesetzt – das Dach wurde abgedeckt. Der am 1.9.1271 zum Papst Gregor X. gewählte Tebaldo Visconti starb nach wenigen Monaten, seine Amtszeit war kürzer als seine Wahl gedauert hatte.

Von Viterbo durch die Maremma
nach Vetralla

Der Weg nach Vetralla führt durch einen von den Etruskern in das Tuffgestein geschlagenen Hohlweg, die Wände ragen steil und grau neben uns hoch. Nach Vetralla geht es dann über die Via Cassia, auf einem Feldweg neben der SS 2 her. Wir wüssten gern, ob die antike Straßenführung nun unter der Strada Statale liegt oder unter unserem Feldweg, oder ganz woanders – aber die Kenntnis des Straßenverlaufs hat sich irgendwann im Mittelalter wohl verloren, der genaue Verlauf ist hier nicht mehr zu rekonstruieren. Die Basaltplatten der Via Cassia sind damals zum

Teil zum Häuserbau verwandt worden, der Streckenverlauf wurde, der damaligen Besiedelung folgend, immer wieder verändert.

Wir laufen durch die Landschaft der Maremma, nicht durch die zentrale Maremma, die nur den Küstenstreifen zwischen Elba und Monte Argentario mit dem zugehörigen Hinterland umfasst; wir laufen auf einer Hügelkette am östlichen Rand der Maremma, von der aus wir diese Landschaft bis zum Tyrrhenischen Meer überblicken – einst eine Sumpflandschaft. Erst zu Beginn des 19. Jahrhunderts gab es unter dem habsburgischen Großherzog Ferdinand III. systematische Arbeiten an einer Entwässerung der sumpfigen und malariaverseuchten Ebene.
Von einer Anhöhe aus haben wir einen weiten Blick in Richtung Küste: leichte Hügel, weitgestreckte graugrünliche Wiesen, locker verteilte Schafherden, Olivenhaine, kleine Wäldchen mit kräftigem Unterholz. In großer Entfernung voneinander stehen einzelne oft unverputzte Häuser. Über dem Land liegt eine geschlossene dünne Wolkendecke, die wie ein schwacher Filter das Sonnenlicht gleichmäßig silbrig verteilt. Zur Küste hin wird es heller.

Wir haben uns mal wieder zu knapp mit Wasser versorgt und freuen uns, als wir an einem Haus am Wegesrand ein Schild sehen: aqua sosta, also das Angebot, die Wasserflaschen aufzufüllen. Wir klingeln und ein junger Mann füllt unsere Wasserflaschen nach. In diesem Jahr seien hier noch nicht viele Pilger vorbeigezogen, meint er und bietet uns an, auf seinen Balkon zu kommen. Von dort könne man mit dem Fernglas die gekenterte Costa Concordia sehen. Wir verzichten darauf, diesen Höhepunkt seemännischer Navigationskunst zu bewundern. Bis Vetralla sind noch etliche Kilometer zu laufen, und es ist schon früher Nachmittag.

Wir nähern uns Vetralla, die Landschaft ändert sich: ein lichter Hochwald, Hohlwege, eine Eichenallee könnte man so auch in einem deutschen Mittelgebirge finden. Das Unterholz ist hier dichter, naturbelassener als in der Regel in Deutschland.

Unsere Pilgerherberge in Vetralla ist das Kloster der Benediktinerinnen. Wir haben Probleme, es zu finden, und die Stadt reizt nicht dazu, in ihr suchend umher zu laufen. Wir fragen nach dem Weg und erhalten freundlich und ausführlich Antwort. Anscheinend sieht man uns eine gewisse Erschöpfung an und unser Weg-Weiser bringt uns in seinem Auto zum Kloster.

Wir essen gemeinsam mit einem holländischen Paar zu Abend, mit Thelma und Bernie. Thelma fragt sich und uns, ob wir Pilger zugleich Touristen sein können? Ob spirituelle Erfahrungen und sight-seeing miteinander zu vereinbaren sind? Ich habe da nie einen Widerspruch gesehen: das Aufgehen in der Landschaft, der Schönheit der Welt zugewandt, Schritt für Schritt für Schritt sich dem Ziel nähernd – das ist meine Erfahrung des Schöpferischen im Stofflichen, meine Erfahrung von Sinn.

Von Vetralla durch Capranica
nach Sutri

Am Morgen hören wir den hellen klaren Gesang der Benediktinerinnen. Zu ihrem Schöpfungslob passend strahlt der Himmel in einem morgenfrischen Blau und wir laufen erwartungsvoll in diesen Morgen hinein. Wir erinnern uns an das gestrige Gespräch und wir machen einen „spirituellen" Test mit uns. Laufen wir eigentlich „ehrlich" synchron oder nimmt, wenn auch nicht bewusst, einer auf den anderen Rücksicht? Und wer auf wen? Wir verabreden, eine Weile „rücksichtslos" zu laufen – und zu schauen, was passiert. Ich laufe, wie erwartet ein wenig schneller als Bettina, die 15 cm kleiner ist als ich. Wir beenden das Experiment nach einigen hundert Metern und wandern wieder nebeneinander her.

In ihrem Blog zur Via Francigena schreibt Christina Menghini, sehr schön: „Ich weiß nicht so recht, wie ich mir die Tatsache erklären soll, dass langsamer gehen oft mühsamer ist. Ich bin fest davon überzeugt, dass jeder seinen eigenen Rhythmus hat und niemand auf ihn warten sollte, sowenig wie er sich gezwungen fühlen sollte, auf jemand anders zu warten. Die Schwierigkeiten entstehen, wenn diejenige Person, die langsamer geht oder diejenige, auf die nicht gewartet wird, ihre Heiterkeit verliert, aufgrund des Rhythmus eines anderen. Und das Herz verliert seine Freiheit." Anscheinend haben wir in den vielen Tagen des gemeinsamen Gehens auch einen gemeinsamen Rhythmus entwickelt. Wir haben unsere Freiheit behalten, lassen auch immer mal wieder Raum zwischen uns, verlieren uns gelegentlich aus den Augen. Und so fühlt sich keiner durch den Rhythmus des anderen eingeengt.

Wir laufen jetzt Kilometer um Kilometer durch Haselnussplantagen, mittelhohe Bäume mit dichten, lackgrün glänzenden Blättern. Aus den Plantagen wachsen halb verfallene Vorratstürme heraus. Wir schauen in einen hinein, das Erdgeschoss wird noch als Abstellraum genutzt für landwirtschaftliches Gerät. Der Boden ist trocken, die Decke dicht- notfalls hätte man hier übernachten können...

Die Wanderung durch die ausgedehnten Haselnussplantagen wird nach einigen Stunden langweilig und wir sind froh, als sich gegen Mittag das auf einen Felshügel gebaute Capranica vor uns erhebt. Wir steigen durch das Valle di Santi hoch - ein steiler Eselsweg,

der uns quasi durch den Hintereingang in die
kleine Stadt führt.

Die Hauptstraße zieht sich auf dem Rücken des
Hügels von unserem Hintereingang hin bis
zum Eingangstor. Nach beiden Seiten zweigen
Gassen steil nach unten ab. Die auf diesem
Felsen enge Bebauung hat keinen Raum für
eine zentrale Piazza gelassen, nur die
Hauptstraße weitet sich in der Mitte des Ortes
ein wenig.

Hinter Capranica beginnt das Valle di
Mezzana, ein weitgehend naturbelassenes
Wald- und Wiesental, durch das sich die Via

Francigena als schmaler Trampelpfad hindurchwindet. Immer wieder müssen wir genau hinschauen, um den Pfad nicht zu verlieren, und sind froh, wenn wir ein weiß-rotes Francigena Fähnchen um einen Ast gebunden sehen. Ein so üppiges Grün haben wir in Mittelitalien nicht erwartet. Aus dichtem Unterholz und umgestürzten und verfaulenden Bäumen wachsen vor allem Birken hoch hinaus. Wir balancieren über morsche Planken und Brückchen, die über Bäche und kleine Sumpfsenken führen. Dann wieder führt der Pfad durch weite Blumenwiesen, die von dichten, dunkelgrünen Baummauern eingefasst werden.

Der Urwald öffnet sich, Felder zeigen an, dass wir uns menschlicher Besiedlung nähern. Und dann liegt Sutri vor uns, besser über uns. Die dunkel-rostfarbenen Gemäuer wachsen hoch aus dem Urwaldgrün heraus, ein steiler Anstieg führt ins Zentrum. Sutri ist auf einem Tuffsteinhügel erbaut, also in einer Lage wie Capranica. Die Stadt war ursprünglich eine etruskische Siedlung, die 386 v.Chr. von den Römern erobert wurde. Der Hügel bietet Raum für eine kleine Piazza vor der Kirche Maria Assunta.

Im Dom beeindruckt uns besonders die Krypta mit ihren zahlreichen Säulen, von denen viele aus etruskischer und römischer Zeit stammen. Die Spuren des Fronleichnamsfestes sind noch auf den Straßen zu erkennen: mit Kreide auf den Asphalt gemalte Muster, Blumen und Heiligenfiguren.

Ich erlebe noch eine dieser kleinen, unwahrscheinlichen Episoden, über die unter Pilgern gern gesprochen wird. Vor dem Aufstieg in die Stadt stelle ich fest, dass ich meine Sonnenbrille auf dem Weg durch den Urwald verloren habe. Ein ziemlich herber Verlust, da es sich um eine Brille mit Sehschärfenkorrektur handelt, die nicht ohne weiteres zu ersetzen ist. Da ich eine Idee habe, wo und wie es passiert sein könnte, stelle ich meinen Rucksack ab und laufe zurück. Ich finde auch die Stelle, ein kleiner Bachübergang und suche, laufe hin und her, schiebe Äste beiseite, aber finde die Brille nicht. Ich gebe auf und will umkehren, da fällt mein Blick auf das Bachbett und eine Scherbe, die durch die Wellen glitzert - meine Brille, gefunden im allerletzten Moment. Ich laufe den Weg fröhlich und dankbar zurück, der heilige Antonius hat sich eine Spende verdient...

Für Pilger war und ist heute wieder Sutri die letzte größere Station auf dem Weg nach Rom. Das Pilgerquartier bei den Schwestern ist belegt. Wir nähern uns Rom und viele, vor allem italienische Pilger, beginnen ihre Pilgerschaft in Lucca oder gehen nur die letzten 100 Kilometer – die Mindestbedingung für einen Ablass. So füllen sich die Quartiere vor Rom am Nachmittag schnell. Wir nehmen ein Hotelzimmer. Für diesmal ist es uns ganz lieb, gelegentlich brauchen wir zu unserer Regeneration den Komfort eines eigenen Zimmers, einer eigenen Dusche.

Am Abend sitzen wir in einer Trattoria zusammen, in einer dieser sich spontan zusammenfindenden Pilgerrunden. Marco ist wie nahezu jetzt jeden Abend dabei, ebenso zu unserer Freude Rita und Gianni.

Ich lasse mich auf die römische Spezialität Kuttelschwanz ein, Marco ist skeptisch und rät ab. Und tatsächlich: Ich nage weiches und geschmackloses Fleisch von kleinen Knochen, dazu eine nichtssagende Tomatensoße. Marco, der Florentiner, hat mich zurecht gewarnt. Immerhin, für ihn eine Vorlage, sich mit der Wirtin Simona ein Wortgefecht zu liefern.

Simona, Römerin und südländische Schönheit, ist zunächst zurückhaltend bis zur Unhöflichkeit, aber Marco weiß sie zu provozieren und sie wird herrlich frech. Und historische, kunstgeschichtliche und vor allem kulinarische Gründe sich zwischen Rom und Florenz zu bekriegen, gibt es reichlich. Zu meiner Kuttelschwanzmahlzeit erklärt Marco, so etwas gäbe man in Florenz nur den Hunden...

Gegen die Qualität des offenen, römischen Landweins hat allerdings niemand etwas vorzubringen. Wir konsumieren kräftig, üble

Folgen am nächsten Morgen gibt es nicht. Die Rechnung wird wie immer in Italien – nicht nur unter Pilgern- durch die Zahl der Anwesenden geteilt, mein überdurchschnittlicher Weinkonsum wird durch das preiswerte Gericht ausgeglichen und im übrigen achtet ohnehin niemand auf so etwas.

Von Sutri über Monterosi nach Campagnano di Roma

Von Norden kommend betreten wir die nach Rom ausgerichteten Festungsstädte Latiums jeweils durch den Hintereingang und verlassen sie durch die nach Süden, nach Rom, ausgerichteten Hauptportale. In Sutri ist dies die Porta Romana. Dieses Stadttor ist auch der einzige Zugang zur Stadt, der durch eine natürliche Landbrücke mit der Umgebung verbunden ist. Aus jeder anderen Richtung kommend, muss man den Hügel hinaufklettern – also eine ideale natürliche Festung und entsprechend hatte Sutri in der Antike eine hohe strategische Bedeutung.

Am Rande der Via Cassia, wir wandern im Schatten riesiger Pinien, liegt wenige hundert

Meter hinter dem Ortsausgang eines der schönsten Amphitheater Italiens, hineingeschlagen in das rostbraune Vulkangestein. Aus den Sitzreihen wächst das Gras und wir balancieren vorsichtig über lose Steine. Das Theater wurde im 19.Jahrhundert von der lokalen Adelsfamilie der Savorelli restauriert. Deren Villa ist heute im Besitz der Stadt; sie liegt auf einem Hügel oberhalb und bietet einen guten Ausblick auf den Park und das Theater.

Man vermutet, dass in der Arena nicht nur Gladiatorenkämpfe stattfanden, sondern das Halbrund auch Bestattungsriten diente. In unmittelbarer Nähe liegen die 64 Grabhöhlen

der Nekropolis, entstanden vermutlich im
1.Jahrhundert v.Chr.

Wir lassen uns vom Kustoden zum ältesten
Teil dieses archäologischen Parkes führen. Die
Kapelle der Madonna del Parto wurde etwa
600 v.Chr. von den Etruskern vermutlich als
Grabkammer in das Tuffgestein geschlagen
und später von den Römern für den
Mithraskult genutzt. Im 7. Jahrhundert wurde
das Gewölbe dann der christlichen Madonna
geweiht und erhielt seine heutige Gestalt.

Im Halbdunkel des unterirdischen Raumes –
ein langes Mittelschiff und zwei durch Säulen
davon getrennte schmale Seitenschiffchen –
sehen wir Darstellungen der Madonna mit
Kind. Dieses Marienheiligtum wurde von
Frauen aufgesucht, die hier unter der Erde zur
Muttergottes um Fruchtbarkeit beteten.
Gelegentlich lassen sich hier Brautpaare
trauen.

Als Pilger steht man in einer viele Jahrhunderte
alten Tradition: Eine Malerei aus dem 14.
Jahrhundert auf dem Türsturz im Vorraum
zeigt einen hinreißend anschaulichen
Pilgerzug auf dem Weg nach Apulien, hinauf
zum Gargano, dem Berg des Erzengels
Michael.

Wir durchwandern die Ebenen Latiums, sanft begrenzt durch die Sabatiner Berge. Das Land ist hier trockener, der Weizen ist schon geerntet, auf graubraunen Flächen stehen die Heuräder. Um die Mittagszeit erreichen wir das auf halber Strecke liegende Monterosi. Die Stadt hat im Zentrum eine beinahe spanische Anmutung, geprägt durch die Ortskirche mit ihrer barocken, seitlich auslaufenden Fassade aus dem 16. Jahrhundert und den aufgesetzten zwei kleinen Türmen, in denen eine Glocke offen hängt.

Es ist Mittagszeit und als Imbiss genügt uns in der Regel ein Panino, belegt mit Schinken oder

Käse oder beidem. Am Ortsausgang jedoch sehen wir eine Trattoria und wir können nicht widerstehen. Diese einfachen Trattorien, die von Angestellten und Arbeitern für die Mittagspause und abends von Familien für eine preiswerte Mahlzeit genutzt werden, verschwinden in Italien nach und nach und weichen den schickeren und deutlich teureren Ristoranti. Allerdings werden diese Bezeichnungen nicht sonderlich stringent verwandt, und manches hochpreisige Restaurant bezeichnet sich als Trattoria, sei es aus historischen Gründen oder um vom Ruf der alten Marke „Trattoria" zu profitieren.

Die Trattoria konzentriert sich auf das Wesentliche: weißgekalkte Wände, Terrakotta-Fliesen, Holzstühle mit geflochtenem Sitz und aufrechter Lehne, offene Hausweine – weiß und rot – und eine einfache, regionale Küche. Es gibt keine Speisekarte, der Wirt gibt an, was das Haus heute bietet, wir entscheiden uns schnell für Spaghetti cacio e pepe, ein römisches Pasta Gericht, zubereitet mit frisch gemahlenem schwarzen Pfeffer und geriebenem Pecorino romano, einem pikanten Schafskäse.
Dazu eine Karaffe des Hausweines, mittags bevorzugen wir weißen, abends eher roten.

Wir nähern uns Rom, die Landschaft wirkt schon zersiedelter. Hinter Lorbeerhecken verstecken sich Landhäuser und Villen, etliche allerdings unvollendet. Gelegentlich überholt uns ein Wagen, die Fahrer nehmen ihr Tempo zurück, um uns auf der trockenen Piste nicht einzustauben. Eine nette Geste, vielleicht selbstverständlich, aber wir freuen uns trotzdem und bedanken uns mit einem freundlichen Winken.

Campagnano di Roma ist nach Capranica und Sutri die dritte „Felsenstadt" in Latium. Wieder geht es steil in Serpentinen hoch, über uns die ockerfarben aus dem Felsen herausragenden Mauern der Häuser. Wir landen im alten Zentrum, und eine Schar spielender Kinder schaut uns erstaunt an, als wir durch eine kleine Pforte ihren von mittelalterlichen Häusern umrahmten Spielplatz betreten. Ein Mädchen von etwa 10 Jahren grüßt uns mit fast erwachsener Höflichkeit und kindlichem Charme. Wir erwidern den Gruß, ebenso höflich: Buon Giorno, Signorina... Die Italiener nutzen beim Gruß oder der Anrede das höfliche „Signore / Signora" gern. Im Deutschen würde es sehr altbacken klingen, etwa wie „gnädige Frau" und ist außer Gebrauch...

Die Gemeinde des Ortes stellt Pilgern ein einfaches Matratzenlager zur Verfügung, wir bereiten alles für die Nacht vor und duschen uns – immer ein schönes und entspannendes Ritual. Am Abend schlendern wir dann den Corso Vittorio Emanuele hoch, auf der Suche nach einer Trattoria, die unserem Geschmack entspricht. Die finden sich oft in Seitengassen, aber es ist bereits dunkel und gut beleuchtet ist nur der zentrale Corso. Wir landen in einem gehobenen Restaurant, fühlen uns nicht so recht wohl in dem überdekorierten Ambiente, essen nicht besser als in der Trattoria in Monterosi und zahlen das Doppelte.

Von Campagnano di Roma durch Isola Farnese nach La Storta

So grün war Italien noch nie..., diesen Satz haben wir unterwegs immer wieder gehört und hier, auf unserem Weg durch die Hügellandschaft Latiums kommt er uns wieder in den Sinn. Auf den Flanken der Hügel steht der Weizen, die Senken werden von tropisch anmutendem, üppigem Baumbestand gefüllt. Die Besiedlung ist kleinteilig, wir entdecken keine großen Bauernhöfe oder gar landwirtschaftlich-industrielle Gutshöfe wie in der Poebene. Die in der Landschaft gleichmäßig verstreuten Gebäude sehen eher aus wie Einfamilienhäuser.

In dem dunstigen Vormittagslicht erscheint am Horizont eine Kette von Hochhäusern, eine erste Vorstadt Roms, die am Grande Raccordo Annulare entstanden ist, diesem die ewige Stadt umschlingenden Band von Stadtautobahnen. Diese Vorstädte fressen sich Block für Block in die Campagna hinein.

Sehr römisch-italienisch wirkt die weißstaubige ungeteerte Straße, auf der wir uns La Storta nähern. Sie wird von riesigen Pinien überwölbt, die wir als Sonnenschutz leider nicht benötigen. Der Himmel ist bewölkt, stellenweise dunkeldrohend. Ein großer, weißer Hütehund steht vor uns auf der Straße. Das Tier ist von souveräner Wachsamkeit, schätzt uns ab und begibt sich, als wir zögernd näherkommen, zu seiner Herde. Wir sind keine Gefahr und können passieren – welch eine zivilisierte Begegnung, so ganz anders als die wilden Kläffer, die uns gelegentlich nerven.

Nach schon gewohnt steilem Aufstieg erreichen wir den mittelalterlichen Weiler Isola Farnese. Beim Aufstieg kommen wir an einigen in das Tuffgestein geschlagenen Höhlen vorbei, die im Mittelalter nicht nur als Ställe, sondern auch als Wohnungen dienten. Isola Farnese und La Storta sind zusammengewachsen, Ortsausgangs- und Ortseingangsschild stehen auf demselben Pfahl. Und so reizvoll das der größeren Stadt vorgelagerte Isola Farnese ist, so hässlich ist La Storta. Leider liegt unser Nachtquartier dort. Der freundliche Empfang durch die

Schwestern tröstet über die Hässlichkeit der Stadt hinweg. In La Storta hat Ignatius von Loyola seine Christus-Vision gehabt, die ihn zur Gründung des Jesuitenordens inspirierte.

Als wir in unserer Gruppe die von den Schwestern empfohlene Trattoria aufsuchen, ist es schon dunkel. Viele Nachtquartiere, in denen nicht selbst gekocht wird, haben solche Kooperationen mit nahegelegenen Trattorien, die ein Pilgermenü für einen pauschalen Preis anbieten – einfach und gut!

X.   Am Ziel

Von La Storta auf der Via Cassia
nach Rom

Wir brechen entgegen unseren sonstigen Gewohnheiten diesmal schon in der Dämmerung auf, die wenigen Autos fahren noch mit eingeschalteten Scheinwerfern. Bis zum Petersplatz sind es 18 Kilometer und wir wollen zu Mittag dort sein, zum Angelus und dem Sonntagsgruß des Papstes. Auf unserem Weg haben uns viele Italiener „Grüße an Franziskus" aufgetragen, er gebe ihnen

Hoffnung. Persönlich werden wir sie nicht überbringen können, aber wir möchten diesen Hoffnungsträger sehen und hören.

Der Weg nach Rom hinein führt über die Via Cassia, auf den letzten Kilometern über die Via Trionfale. Da wir hier schon durch eine dichte städtische Besiedlung laufen, gibt es keine stillen Seiten- oder Wirtschaftswege für die Via Francigena – dafür aber nahezu durchgängig einen Fußgängerweg am Rande der Straße.

Wir sind froh, dass unser Plan aufgegangen ist, unser Ziel an einem Sonntag zu erreichen. Das war nicht immer sicher. Ausgeschildert ist die Via Francigena auf diesen letzten römischen Kilometern nur sehr unzulänglich, einmal verpassen wir eine Abzweigung und finden uns am Rande einer Autostrada wieder. So etwas überlebt man nur an einem Sonntagmorgen... Glücklicherweise holen wir Marco ein, der von seinem in Rom lebenden Bruder empfangen worden ist. Unter seiner ortskundigen Führung laufen wir entspannt durch die römischen Vorstädte und den nun stärker werdenden Verkehr.

Die Via Francigena führt am Fuß des Monte Mario vorbei. Ihn zu besteigen ist für Pilger Pflicht, von ihm aus hat man den ersten freien Blick auf Rom. Wir haben 1000 Kilometer hinter uns und sind am Ziel, da werden auch unsere Augen ein wenig feucht. Der Berg wird unter Pilgern auch Mons Gaudii genannnt, der Berg der Freude: der Freude vielleicht darüber, dass man nach einer großen Anstrengung am Ziel ist. Vielleicht auch über etwas anderes, das jeder für sich behält...

Wir sind von dem Anblick berührt, dem wir 6 Wochen entgegen gegangen sind. Und wir fragen wir uns wieder einmal, wie dieser Augenblick auf den mittelalterlichen Pilger gewirkt haben wird, der eine gefährliche und entbehrungsreiche Fußreise hinter sich hatte – beides können wir als Fußreisende im 21. Jahrhundert für uns nicht in Anspruch nehmen...

Zudem: für die einstigen Pilger war der Anblick völlig neu, während jeder von uns schon einmal in Rom war.

Wir verzehren unsere Panini und hasten dann den Monte Mario hinunter, um auf der Via Angelico in den Schwarm der Römer einzutauchen, die wie wir dem Petersplatz entgegen strömen.

Der Platz ist bereits eine halbe Stunde vor dem Angelus gut gefüllt und wir versuchen, einen freien Quadratmeter zu finden, ohne allzu sehr zu drängeln. Sicherheitskontrollen gibt es nicht und wären wohl auch nicht praktikabel. Ein unangenehmer Gedanke taucht in mir auf: so viele Gläubige bzw. - von einer anderen Religion aus gesehen- Ungläubige ungeschützt auf einem Fleck... ein Gedanke, den ich meine, Bettina mitteilen zu müssen. Sie schaut einen Moment erschrocken, ich ärgere mich über mich und wir lassen das Thema fallen.

Wir warten noch eine Viertelstunde, bis die weiße Gestalt im Fenster erscheint und mit Jubel begrüßt wird. Nach dem mittäglichen Angelus und einer kurzen Predigt wünscht der Papst, auch Bischof von Rom, seinen römischen Mitbürgern einen friedvollen Sonntag im Kreis ihrer Familien. Wir sind an unserem Ziel angelangt, unsere Pilgerreise ist zu Ende – die Römer zerstreuen sich und wir schauen uns einen Augenblick fragend an...

Epilog

Innerhalb der Mauern des Vatikans liegt der Cimitero Tedesco, der Deutsche Friedhof. Wir besuchen am Ende unserer Pilgerschaft diejenigen, denen der Rückweg zu schwer war oder die in Rom ein neues Leben begonnen und beendet haben. Es genügt, einen der Schweitzer zu bitten „Zum deutschen Friedhof"? und das Tor des Vatikans öffnet sich.

Und dann machen wir uns auf die Suche nach einer Trattoria, vor der nicht die üblichen Hereinbitter stehen. An sich haben wir ja nichts gegen Marktgeschrei und wer gute Ware hat, soll sie auch anpreisen. Aber wir wählen lieber selber aus und wollen uns nicht drängen lassen, und so finden wir die Trattoria I San Pietrini, benannt nach den römischen Pflastersteinen aus dem vulkanischen Leucitit. Und in ihr erwartet uns eine freundliche Bedienung, ein gutes Mahl und ein ausgezeichneter San Giovese...

Der Welt Geheimnis wirst Du nicht ergründen, das Wort, das keiner fand, wirst Du nicht finden!

Schaff Dir mit Wein ein Erden-Paradies, ob`s dort ein Paradies gibt, wird sich finden...

Omar Chayyam
(persischer Mathematiker und Dichter, 1048 – 1138)

Danksagung

Der Bericht verdankt Bettina Dürr, meiner freundschaftlichen Weggefährtin auf der Via Francigena, mehr als in einzelnen Zitaten aus ihrem Buch „Himmlische Reisen" (Bergisch Gladbach, 2000) erkennbar wird. Sie lebte seit 1977, seit unserer Studentenzeit, in der wir uns kennen gelernt haben, in Bologna und war Verfasserin zahlreicher Bücher und Reiseführer über Italien.

Sie verstarb am 1.Juni 2021.

Italien und unseren Weg auch mit ihren Augen zu sehen, war für mich stets ein Genuss und eine Bereicherung. Ohne ihre Anregungen und ihren freundschaftlichen Rat und Druck wäre dieser Bericht nicht geschrieben worden.

Meine Frau Susanne hat mich von Fidenza bis Pontremoli begleitet. Ihre Fröhlichkeit und ihre offenen Augen für alles Schöne haben mich auf dem langen Weg weiter nach Rom beflügelt.

Und auf dem Weg nach Hause…